이야기치료

당신의 질문에 답하다

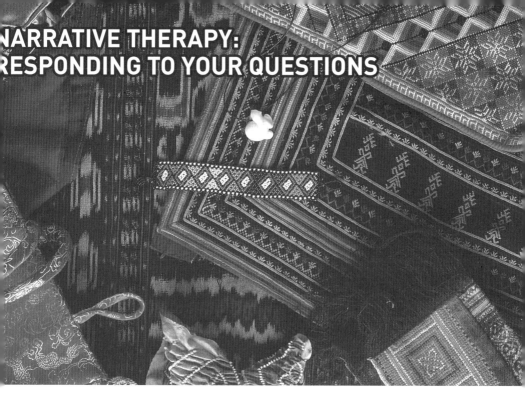

NARRATIVE THERAPY: RESPONDING TO YOUR QUESTIONS

이야기치료

당신의 질문에 답하다

Shona Russell & Maggie Carey 엮음

이은주 · 강진아 옮김

좋은땅

역자 서문

앎과 행함 사이의 간극! 이는 우리가 삶에서 흔히 마주치는 현실입니다. 상담자 역시 현장에서 이러한 간극을 자주 경험합니다. 어쩌면 이야기치료에서는 이러한 간극이 더 넓을지도 모릅니다. 왜냐하면 우리 모두는 전문가 중심주의에 익숙하므로, 탈중심적 입장으로 접근한다는 것이 쉽지는 않기 때문입니다. 그럴 때 질문이 생깁니다. 내가 이렇게 하는 게 맞나? 이게 왜 잘 안되지? 등등… 이 책은 이러한 질문들에 대한 답입니다.

이 책의 첫 번째 미덕은 세계 각지의 다양한 이야기치료 현장에서 생긴 질문들을 집합적으로 모았다는 것입니다. 우리가 아무것도 모를 때는 질문조차 할 수 없습니다. 아는 것을 실천으로 연결하고 싶을 때, 기존의 틀에서 벗어나고 싶을 때, 자기가 선호하는 방향으로 성장하고 싶을 때 우리는 질문합니다. 예컨대 질문(각 장의 소제목)에서 사용된 '힌트', '딜레마', '주의할 점' 등의 단어에는 현장의 이야기치료자들이 가지는 궁금함과 열정이 담겨 있습니다. 역자들은 이러한 질문들에서 '내가 가진 질문을 세상의 다른 이야기치료자들도 함께 가지고 있다'는 동질감과 안도감을 느꼈습니다.

이 책의 두 번째 미덕은 질문들에 대한 저자들의 명확한 답변이 제시될 뿐만 아니라, 세계 각지의 다양한 이야기치료 경력자들의 답들 역시 집합적으로 모았다는 것입니다. 오랜 실천과 교육 경험을 가진 저자들은 마치도 워크샵 현장에서처럼 친절하고 상세하게 답변해 주고 있습니다. 또한 이야기치료 경력자들은 현장에서 느끼는 보람, 이야기치료가 자기의 삶에 가지는 의미, 딜레마 대응법을 생생하게 이야기하고 있습니다. 이들이 겪었던 시행착오와 거기에서 얻은 교훈을 솔직하게 공유하는 모습에서는 이야기치료자의 투명한 자세가 나타납니다. 역자들은 이러한 답들에서 '이제 앎과 행함 사이의 간극을 이어 줄 교량을 가졌다'는 기쁨과 든든함을 느꼈습니다.

이 책의 세 번째 미덕은 마지막 두 장(章)에서 후기구조주의와 페미니즘이라는 무거운 주제에 쉽고 친근하게 다가가고 있다는 것입니다. 후기구조주의는 이야기치료의 철학적 토대로서, 그리고 페미니즘은 사회적 담론 해체의 대표적 지평으로서 이야기치료를 설명할 때 빼놓을 수 없는 주제입니다. 그러나 이들은 이해하기 어렵다는 평을 받을 때가 많기에 논의가 만만치 않습니다. 이 책에서는 세계 각지의 이야기치료 현장에서 모은 질문과 답을 집합적으로 구성함으로써 논의의 어려움을 극복하고 있습니다. 이 논의는 우리의 매일매일의 삶 및 치료적 실천과의 직접적 연결 속에서 이루어졌기 때문에 현실감과 생동감을 줍니다.

이렇게 책이 만들어진 과정 자체가 탈권위적이고 탈중심적인 이야기치료의 특성을 그대로 반영하고 있습니다. 마치도 다양한 색깔의 씨실과 날실이 짜여서 아름다운 무늬를 가진 직조물이 완성되듯이, 이 책 역시도 세계 각지의 이야기치료자들의 업무와 인생에 대한 다양한 이야기들이 엮어서 하나의 책이 되었습니다.

이 책은 거의 20년 전에 첫 출판되었으므로 다소 오래되었다고 할 수 있습니다. 그러나 이야기치료의 기본토대가 바뀔 수 없고 인간 삶의 근본적 문제도 그대로이기에, 이 책의 가치는 여전합니다. 우리나라에서 이 책의 첫 번역은 2010년에 출간되었습니다. 그때로부터 10년 이상의 세월이 흐른 지금, 우리나라에서 이야기치료의 장(場)도 많이 다양해지고 이야기치료 공동체도 많이 확대되었습니다. 이에 이 책을 새로이 번역하여 독자들 앞에 내어 놓게 되었습니다. 이 책의 1장부터 5장까지는 이은주가, 6장은 강진아가 번역하였습니다. 우리는 번역 작업을 하면서 이야기치료가 어떻게 우리의 내담자를 변화시키고 우리 자신의 삶도 변화시켰는지를 되새겨 볼 수 있었습니다. 그 과정은 우리에게 즐겁고도 보람 있는 일이었습니다. 만약 번역에 오류가 있다면 그것은 전적으로 역자들의 책임입니다. 이야기치료를 현장에서 적용하는 분들, 특히 적용 과정에서 질문을 가진 분들에게 이 책이 구체적이고 실천적인 도움이 될 수 있다면, 역자들은 매우 기쁠 것입니다.

번역용어에 대하여 다음과 같은 점을 미리 밝힙니다.

○ 우리가 흔히 쓰는 클라이언트 혹은 내담자나 피상담자라는 용어에 대해서, 이 책에서는 '우리에게 상담/의논(하러) 온 사람들(those who consult us)' 혹은 '그 사람(들)(the person, the people)' 등의 표현을 사용합니다. 그 이유는 '클라이언트'란 용어는 상담실에서의 기존의 위계관계를 내포하고 있으며 자본주의에서의 고객으로 위치시킬 우려가 있기 때문에 마이클 화이트가 의도적으로 피했기 때문이라고 이

해됩니다. 그런데 '우리에게 상담/의논(하러) 온 사람들'이란 용어가 길기도 하거니와 우리나라에서는 익숙하지 않은 표현이라고 생각되었습니다. 이렇게 볼 때 본래의 취지를 살려서 가능한 한 직역하되, 맥락에 따라서 더 자연스럽게 읽히기 위하여 때로는 '내담자'라는 단어를 사용하기도 했습니다.

○ 상담 영역에서 일반적으로 '치료(therapy)'라는 용어는 '상담'이란 용어보다는 더 체계적인 훈련과정을 요하는 전문직 활동이라고 이해되고 있는 것 같습니다. 그러나 또 한편으로는 '치료'라는 용어는 문제에 대한 병리적이고 의료적인 관점을 반영한다는 이유로 조심스럽게 사용해야 한다는 의견도 있습니다. 그러면서도 실제 현장에서는 '치료'와 '상담'이란 용어가 특별한 구분 없이 혼용되고 있는 실정입니다. 이 책의 원서에서는 거의 일관되게 '치료' '치료자' '치료실'이라는 용어를 사용하고 있습니다. 그래서 본래의 취지를 살려서 가능한 한 직역인 '치료'라고 번역하였습니다. 다만 맥락에 따라서 더 자연스럽게 읽히기 위하여 때로 '상담'라는 용어를 사용한 곳도 있습니다(예컨대 상담 온 사람, 상담실 등).

○ 일반적으로 '이야기치료(narrative therapy)'와 '이야기실천(narrative practice)'이란 용어가 둘 다 사용되고 있는데, 이 책에서도 그렇습니다. 이야기치료는 상담실에서 일어나는 임상적 활동이란 의미가 강하고, 이야기실천은 상담실뿐만 아니라 지역사회의 다양한 장(場)에서 행해지는, 보다 폭넓은 활동의 의미를 가진다고 할 수 있겠습니다. 이야기치료의 발전과정을 보면, 처음에는 이야기치료란 용어로 시작되었다가, 그 현장이 확대되면서 이야기실천이란 용어도 함

께 사용되는 추세로 이해됩니다. 그러나 현실적으로는 엄밀하게 구분하여 사용되지는 않는 것 같습니다. 이 책에서는 이 두 용어를 가능한 한 원서대로 번역하되, 일부 문단에서는 맥락에 따라서 이야기 치료로 통일하기도 하였습니다.

○ Black이란 용어를 '흑인'으로 번역하는 데 인종차별의 의미가 내포될까 하는 우려가 있어 '블랙(Balck)'으로 그대로 표기하였습니다. 다만 맥락상 '흑인'으로 번역을 할 수밖에 없었던 일부 문장이 있음을 밝힙니다.

○ 원서는 저자들이 서문에서도 밝혔듯이 마치도 대화하는 기분으로 구어체로 서술되고 있습니다. 이를 우리말의 분위기로 바꾼다면 워크샵 참석자와 교육자 사이의 경어체가 되어야 할 것입니다. 그러나 그렇게 되면 문장이 길어지고 간결성과 명확성이 희생되는 측면이 있었습니다. 그래서 문어체 서술로 번역하였습니다. 그 과정에서 원서의 생생한 대화체가 살아나지 못한 측면이 있다는 점을 밝힙니다.

2023년 7월

이은주 · 강진아

한국어판 서문

친애하는 독자들께,

《이야기치료: 당신의 질문에 답하다》의 새로운 번역본에 오신 것을 환영합니다. 이 책이 처음 출간된 지 거의 20년이 지났습니다. 우리는 이 책에 담긴 이야기실천 탐구가 실천가들에게 지속적으로 유용하다고 믿습니다. 시간의 흐름에 따라 세상의 생각들 중 많은 것이 변했고, 사회과학에서도 새로운 발견들이 있었습니다. 그러나 마이클 화이트(Michael White)가 제시한 기본 토대, 즉 인간은 이야기를 통해서 삶의 의미를 만든다는 이해는 치료대화를 위한 틀로서 여전히 살아 있습니다. 이 책에서 탐구되는 다양한 '지도'를 활용하여, 이야기실천가들은 사람들이 삶에서 마주치는 문제에 대항해서 주체의식을 갖고 자기 삶의 지식과 기술을 끄집어내는 대안 이야기에 다다르도록 도울 수 있습니다. 이 책을 쓴 우리의 원래 의도는, 이야기실천에 관심을 가진 실천가들이 가능한 한 쉽게 이야기실천에 접근하도록 하는 것, 그리하여 자신이 주체적으로 이야기실천의 지도를 활용할 수 있도록 하는 것이었습니다.

이야기실천 그 자체는 시간이 흘러도 변하지 않았습니다. 그러나 이야기실천이 어떻게 폭넓게 활용될 수 있는지에 대해서는 새로운 시도와 탐색이 있었습니다. 그리고 다양한 상황과 다양한 지역사회에서 다양한 언어로 이야기실천이 활용되었습니다. 마이클 화이트의 의도는 이야기실천이 언제나 그 지역의 상황에 맞게 응용되어야 한다는 것, 그리하면 그 지역에서 이야기실천이 스스로 생명력을 갖고 이전에는 상상하지 못했던 방식으로 유용해지리라는 것이었습니다.

이야기실천은 인간 경험에 대한 단일한 설명에 대해서, 특히 그 사회의 지배적 규정에 의거해 형성된 '하나의 옳은 방식'에 대해서 언제나 반대하는 입장을 취해 왔습니다. 마이클 화이트는 사람들의 목소리와 경험, 특히 그 시대의 정치적 조건과 상황, 문화와 역사에서 주변에 위치한 사람들의 목소리와 경험을 중심에 놓을 방법을 찾는 데에 열정적이었습니다. 또한 마이클 화이트는 사람들이 자기 자신의 이야기에서 주체성을 갖는 것, 그리고 개인과 지역사회의 삶을 형성하는 데에 다양한 문화와 다양한 가족의 지식과 기술을 활용하는 데에 열정적이었습니다. 그리하여 마이클 화이트는 억압적인 지배적 삶의 방식 때문에 무시당하고 간과될 위험에 처한 주변부 사람들의 지혜와 지식을 위한 공간을 만들어내고자 했습니다. 또한 이야기 만들기와 이야기 간직하기의 모든 면이 가지는 관계적 성질을 늘 유념하고자 했습니다.

이야기실천보다 더 넓은 영역에서의 최근의 학문적 발전은 의미 만들기에 대한 이야기실천가들의 이해를 더 두텁게 해 주었습니다. 예컨대 신경생물학은 마이클 화이트의 별세 이후에 더욱 발전했는데, 그 성과는 이야기 은유를 이해하는 방식에서 이야기실천과 깊은 관련이 있습니다. 신경과학에서의 발견은 인간의 뇌가 작동하는 방식에 대한 설명을 통해서 우리가 이야기를 만드는 방식을 보여 줍니다. 기억이란 무엇인가 하는 것은 사건들을 시간과 상황 속에서 연결하는 것, 그리고 뉴런의 연결 통로들을 함께 모으는 것인데, 이에 대한 생리적 표상이 있습니다(역주: 인간의 두뇌에서 신경연결망은 사건이나 상황 자체가 아니라 우리가 의미를 경험하는 방식에 의해서 형성된다는 것, 괴로웠던 경험과 연관되는 신경연결망은 선호하는 경험과 연관되는 신경연결망보다 더 강하게 발달된다는 것, 그러나 신경에는 가소성이 있어서 변화될 수 있다는 것 등의 신경과학의 연구결과를 말함). 많은 면에서 이런 현대 신경과학의 발견들과 맥을 같이하는 실천이 바로 이야기실천입니다.

보다 넓은 영역에서 일어난 또 다른 발전은 감정에 관한 전환입니다. 즉 인간의 경험과 행동을 형성하는 데에 정서와 감정이 중요하다는 이해가 부각되었는데, 이는 사회과학과 인문학에서 중대한 변화를 가져왔습니다. 그런데 이야기치료는 언제나 감정을 생각보다 우대하지 않았고 그 둘을 똑같이 다루는 것에 관심을 가졌습니다. 그리고 마이클 화이트는 종종 '경험'을 의미 만들기라 일컬었고, 우리가 자기에 관해 가지는 스토리와 내러티브는 언제나 체화되고(embodied) 느껴지고 경험된다는 것을 강조하였습니다.

그러나 신경과학에서의 연구결과들을 통해서, 우리는 감정과 몸의 역할, 경험의 체화, 생각과 감정과 행동의 서로 엮여있는 성질을 중요시해야 한다는 것을 더욱 이해하게 되었습니다. 오늘날 이야기실천가들은 이러한 신경과학의 발견이 어떻게 이야기실천을 강화시키는가에 관심을 가집니다. 그리고 지금 발전되고 있는 새로운 이야기의 경험되는 느낌 속에서 천천히 시간을 보내고자 합니다. 또한 사람들의 감정이 일어날 때 그 감정에 주의를 기울여 탐구하도록 초대하고, 이야기의 정서적인 면에 관한 반영을 추가하는 데에 시간을 들입니다(역주: 이야기실천에서 선호하는 경험과 연관되는 신경연결통로를 강화하는 방법을 말함).

이렇게 감정을 중시하는 신경과학의 발견은 이야기실천 그 자체를 바꾸지는 않았습니다. 왜냐하면 우리는 여전히 이야기를 다루고 있고, 사람들이 선호하는 이야기, 그것에 의해 살아갈 이야기를 발전시키는 데에 초점을 맞추는 것에는 변함이 없기 때문입니다. 그러나 오늘날 이야기실천가들은 그러한 이야기들의 아주 세부적인 부분을 끄집어내어서, 이를 삶의 살아있는 경험 속에서 체화하는 데에 시간을 들이는 것의 중요성을 강조합니다.

또한 '부재하지만 암시된 것'을 언급하지 않을 수 없습니다. '부재하지만 암시된 것'은 마이클 화이트가 별세하기 몇 년 전에 소개한 실천방법입니다. 마이클 화이트는 트라우마를 경험했던 사람들과의 작업에 점점 더 관심을 가졌고, 고통이나 디스트레스의 표현에는 암시된 의미가 있다는 이해, 그리고 이 의미는 선호하는 이야기의 일부라는 이해를 정립했습니다. 이러한 이해는 트라우마 이야기에서부터 그 너머의 이야기, 즉 고통과 괴로움이 왜 존재하는가를 이해할 수 있게 해 주는 이야기로 이동하는 경로를 우리에게 제공해 줍니다. 이 경로는 디스트레스를 경험하는 사람들과의 대화에서 매우 유용합니다. 그리고 이는 '사람들은 트라우마에 언제나 대응한다'는 이해로 이끌어줍니다. 부재하지만 암시된 것의 경로는 다른 곳(역주: M. Carey, S. Walther & S. Russel. 2009. The Absent but implicit: A map to support therapeutic enquiry. *Family Process*. 48-3)에서 설명되었습니다. 만약 우리가 이야기실천의 완전한 '세트'를 상상한다면, 우리는 '부재하지만 암시된 것'을 향한 지도를 이 책에 포함된 내용에 덧붙이고 싶을 것입니다.

쇼나와 나는 한국에 여러 번 방문하여 워크샵을 가졌으며, 이에 대해 매우 따스한 기억을 가지고 있습니다. 이야기실천의 가능성에 관한 관심과 즐거움이 있는 곳에는 언제나 공유된 길을 여행하는 느낌, 그리고 공명이 있습니다. 우리는 이 책의 새로운 번역본이 한국에서의 이야기실천의 계속되는 발전과 창의적인 활용에 기여하기를 바랍니다. 그리고 여러분이 자신의 이야기실천에서의 여정을 즐기기를 바랍니다.

2023년 7월
매기 그리고 쇼나

서문

친애하는 독자들께,

이야기실천을 탐구하는 글들의 모음집에 오신 것을 환영합니다. 이 모음집은 세계 여러 곳에 있는 이야기실천가들의 집합적인 과정을 통해서 이루어졌습니다. 우리가 이러한 글들을 모으고 저술한 것은, 이야기치료 훈련 워크샵에서 흔히들 물어보는 질문들에 대하여 읽기 쉽고 접근 가능한 대답을 제공하기 위함이었습니다. 우리에게 이 협동 저술 작업은 즐거운 일이었습니다. 우리는 이 책이 이야기실천의 즐거움, 딜레마, 그리고 현재 발전하고 있는 매우 넓은 네트워크에서 진행 중인 대화에 기여하기를 바랍니다. 또한 이 책에서 우리가 사용한 대화체를 통하여, 당신이 이야기치료 실천가 공동체의 일부라고 느끼기를 바랍니다.

지금 당신이 이야기실천을 새로 시작하였든, 아니면 이야기실천을 상당 기간 행해 왔든, 우리는 이 모음집이 당신에게 유용한 도움이 될 것이라고 믿습니다. 이야기치료적인 생각을 실무에 적용하는 과정이 행복하고 편안하게 종점에 도달하는 과정은 아니다! 라는 것을 우리는 알게 되었습니다. 오히려 이 과정은 흥미롭고 도전적인 방식으로 계속 펼쳐지는 여행, 즉 지금 진행 중인 여행이라고 할 수 있습니다. 그런 의미에서 여기에 실린 글들이 당신의 상담 업무에서 당신을 구체적으로 도울 수 있기를 바랍니다.

이 책은 세계의 여러 다른 지역의 치료자들이 공유하는 치료대화의 이야기를 보여 주고 있습니다. 우리는 당신이 이를 즐기기를 진심으로 바랍니다. 우리가 업무에서 바라는 것을 추구하기 위해서는, 이에 관해서 함께 이야기할 동료를 가진다는 것이 꼭 필요하다는 것을 알게 되었습니다. 그런 점에서 이 책의 핵심 목표는 질문과 대화가 계속되도록 격려하는 것입니다.

여러 해 동안 우리는 다수의 장(場)에서 이야기실천을 가르쳐 왔습니다. 그리고 우리가 어디에서 누구에게 가르치든 간에, 언제나 질문들이 있다는 것을 알게 되었습니다. 우리는 이러한 질문과 이에 대한 답을 다음의 주제를 중심으로 보여 주려고 합니다.

○ 외재화 대화
○ 이야기 다시쓰기 대화
○ 회원재구성 대화
○ 외부증인 실천

또한 우리는 레오니 토마스가 엮은 '후기구조주의와 치료-도대체 무엇에 관한 것인가?'란 제목의 글을 이 책에 포함시킬 수 있어서 매우 기쁩니다. 이 주제는 종종 사회에 관한 넓은 주제로서 설명되는데, 우리는 여기 포함된 질문과 답들이 당신에게 도움이 되기를 바랍니다. 마지막으로 우리는 이 책에 그렇게 흔히 묻지 않는 다른 질문들을 포함시켰습니다. '페미니즘, 치료, 그리고 이야기적 생각들'이란 장(章)은 우리와 내담자들의 삶에서 중요한 질문들에 대한 답입니다.

우리는 이 책이 이야기실천에서 더욱 확장되는 질문과 탐구를 활성화하기를 바랍니다. 또한 이 책에 대한 당신의 반영을 듣는다면 우리는 매우 기쁠 것입니다.

쇼나 그리고 매기

감사의 글

이 책은 호주, 뉴질랜드, 사모아, 영국, 캐나다, 남아프리카 공화국, 멕시코, 오스트리아의 여러 이야기치료 실천가들이 참여한 집합적 저술 프로젝트를 통하여 만들어졌습니다. 실천에 기반한 글의 문답 시리즈를 만들자는 시초의 영감은 셰릴 화이트로부터 왔는데, 다양한 범위의 사람들이 이 책을 가능하게 하였습니다. 이 사람들은 여러 곳에서 온 질문들에 대한 답의 초안을 제공함으로써, 자기의 치료적 실천의 이야기를 공유함으로써, 글의 초안을 읽음으로써 자기 역할을 하였습니다. 아래에 각 장(章)이 세상에 나오는 데에 참여한 사람들의 이름을 망라하였습니다. 이 사람들의 기여를 함께 모아서 글들을 최종 형식으로 만들어 준 데이비드 덴버로의 역할에 특히 감사드립니다. 또한 제인 헤일즈는 이 책에 있는 글들을 편집하였고, 이 책에 기여한 사람들과의 연결을 도와주었습니다.

1장: 외재화 대화

다음 사람들이 이 장(章)이 세상에 나오는 데에 기여하였습니다. 매기 커리, 진 콤스, 데이빗 덴버로, 제인 스피디, 스티븐 마디건, 이본 슬립, 마이클 화이트, 캐롤린 마키, 마크 헤이워드, 아만다 레드스톤, 쇼나 러셀, 패트릭 올리어리, 질 프리드만, 제프 짐머만, 수 만, 이아인 룹톤, 인 로보비츠, 메리 페킨.

2장: 이야기 다시쓰기 대화

다음 사람들이 이 장(章)이 세상에 나오는 데에 기여하였습니다. 루디 크론비흘러, 마르타 캄필로, 휴 폭스, 매기 커리, 데이빗 덴버로, 이마 로렛, 마이클 화이트, 쇼나 러셀.

3장: 회원재구성 대화

다음 사람들이 이 장(章)이 세상에 나오는 데에 기여하였습니다. 매기 커리, 쇼나 러셀, 로레인 헤드케, 루디 크론비흘러, 캐롤린 마키, 마크 헤이워드, 수 만, 마이클 화이트, 아만다 레드스톤, 질 프리드만, 데이빗 덴버로.

4장: 외부증인 실천

다음 사람들이 이 장(章)이 세상에 나오는 데에 기여하였습니다. 마릴린 오닐, 휴 폭스, 가이 스토켈, 마이클 화이트, 앤 쇼버, 데이빗 덴버로, 제프 짐머만, 매기 커리, 에밀리 수에드, 쇼나 러셀, 더크 코체.

5장: 후기구조주의와 치료 - 도대체 무엇에 관한 것인가?

다음 사람들이 이 장(章)이 세상에 나오는 데에 기여하였습니다. 레오니 토마스가 이 장의 생성을 통합했는데, 이 과정에 참여한 사람들은 다음과 같다. 벡 구든, 쇼나 러셀, 매기 커리, 진 콤스, 수산나 챔벌린, 마이클 화이트, 헬린 그레미용, 데이빗 덴버로, 키위 타마세세.

6장: 페미니즘, 치료, 그리고 이야기에 관한 생각들

다음 사람들이 이 장(章)이 세상에 나오는 데에 기여하였습니다. 캐서린 버틀러, 셔릴 화이트, 케테 바인가르텐, 제인 스피디, 메세데스 마티네즈, 바네사 잭슨, 캐롤 할리웰, 조이 카잔, 레오니 시몬스, 매기 커리, 리사 베른트, 조앤 맥나마라, 데이빗 덴버로, 클레어 랄프스, 탐신 베이커, 저시 베르코, 쇼나 러셀, 마냐 비쉐디크.

목차

1장 외재화 - 흔히 묻는 질문들

2장 이야기 다시쓰기: 흔히 묻는 질문들에 대한 답

3장 회원재구성: 흔히 묻는 질문들에 대한 답

4장 외부증인 실천: 흔히 묻는 질문들에 대한 답

5장 후기구조주의와 치료
- 도대체 무엇에 관한 것인가?

6장 페미니즘, 치료, 그리고 이야기에 관한 생각들: 흔히 묻지 않는 질문들에 대한 탐색

1장

외재화 -
흔히 묻는 질문들

질문들을 모아서
쇼나 러셀과 매기 커리가 답함.

이 글은 원래 *The International Journal of Narrative Therapy and Community Work*(2002) 제2호에 게재된 것임.

1 외재화란 무엇인가?

'외재화'란 1980년대 초에 가족 치료 분야에 처음 소개된 개념이다.[1] 외재화는 아동과 함께 하는 작업에서 개발되기 시작했고, 언제나 어느 정도는 유머와 장난기가 함께 했다. 물론 사려 깊음과 신중함도 함께했다. 외재화를 이해하는 데에는 많은 방법이 있다. 그러나 외재화를 아마도 가장 잘 요약해서 나타내는 말은, '사람이 문제가 아니라, 문제가 문제다'라는 구절일 것이다.

○ 사람들이 우리 치료자들에게 도움을 구하려고 올 때에는 '나에게 무슨 문제가 있다', '나 또는 나와 관련된 어떤 것이 문제다'라고 믿는 단계까지 온 경우가 많다. 즉 문제가 '내재화'된 것이다. 우리가 이미 잘 알다시피, 문제는 흔히 사람들의 내면에 '내재된' 것으로 이해된다. 마치도 문제가 그 사람의 타고난 어떤 것, 혹은 '내적인 자기'를 대표하는 것처럼 말이다.

○ 외재화 실천은 내재화 실천에 대한 대안이다. 외재화는 문제를 개인의 내면이 아니라, 문화와 역사의 산물이라는 위치에 놓는다. 문제란 시간의 흐름에 따라 사회적으로 구성되었고 만들어졌다고 이해된다.

그러므로 외재화 실천의 목표는 사람들이 자기와 문제가 같은 것이 *아니라(역주: 이하 이탤릭체는 저자의 강조임)*는 것을 깨닫도록 돕는 것이다. 이에 대한 치료자의 접근방법은 많다. 그중 한 방법은 사람들에게 질문을 하되, 질문 속에서 사람들이 자기에 대해 말하기 위해 사용하는 형용사를 명사로 바꾸는 것이다. 예를 들면, '나는 우울한 사람이에요'라는 말에 대해서, 그 '우울'이 얼마나 오래 당신에게 영향을 끼쳐 왔나요?' 혹은 그 '우울'이 당신 자신에 대하여 당신에게 뭐라고 말하나요?'라고 물어보는 것이다. 외재화의 다른 방법은 사람들이 문제를 의인화하도록 초대하는 방식으로 질문하는 것이다. 예를 들면, 문제 상황에 빠지는 것을 중단하고 싶어 하는 아동에게, 다음과 같은 외재화 질문을 할 수 있을 것이다. 즉 '말썽씨'(역주: 이 질문 이전에 아동이 문제에게 '말썽씨'라고 이름붙인 단계가 있었음)는 어떻게 너를 문제 상황에 빠지도록 속일 수 있는 거니?' 혹은 '말썽씨가 너를 찾아올 것 같을 때는 언제야?'[2] 이런 종류의 질문을 통해서, 그 사람과 그 문제 사이에 공간이 만들어진다. 그리고 이 공간에서 그 사람은 자기와 문제와의 관계를 수정할 수 있게 된다.

○ 외재화되는 것은 오직 문제뿐만은 아니다. '강점', '자신감', '자부심' 같이 흔히 내재화되는 개인적 자질들 역시도 외재화된다. 이런 개인적 자질은 마치도 개인이 타고 나거나 내면에 있는 것처럼 보인다. 그러나 이러한 개인적 자질들도 이야기치료대화에서는 외재화된다. 이에 대해서는 나중에 좀 더 설명할 것이다.

외재화는 단지 '언어적 기법' 보다 훨씬 더 많은 것을 내포한다는 것에 주의를 기울일 필요가 있다. 외재화는 후기구조주의라고 불리는 특정한 사조, 특정한 이해방식과 연결되어 있다.

후기구조주의는 언어를 사용하는 방식, 그리고 우리 사회에서 파워가 작동되는 방식에 대해 의문을 제기하는 것을 강조한다. 또한 후기구조주의는 의미와 정체성이 구성되는 방식을 강조한다(이에 대해 보다 알고 싶으면, 이 책의 5장 '후기구조주의와 치료 - 도대체 무엇에 관한 것인가?'를 볼 것).

2 외재화 대화란 무엇인가?

외재화 대화는 이전에는 내재화되었던 문제에 초점을 맞추어서, 이를 외재화시킨다(위에서 '우울'과 '말썽씨'와 관련해서 보여 주었던 예에서와 같이). 그러나 이는 단지 시작에 불과하다. 일단 문제가 외재화되면(즉 문제를 단순히 그 사람의 내면에 존재하는 것으로 보지 않게 되면), 문제는 이제 스토리라인에 놓일 수 있다. 예를 들면, 우리는 치료자로서 다음과 같은 질문을 할 수 있다. 예를 들면 그 우울이 얼마나 오랫동안 그 사람의 삶에서 영향을 미쳐왔는지, 그 우울이 언제 그 사람의 삶에 들어왔는지, 그 우울이 그 사람의 삶에 들어오는 데에 무슨 요인들이 있었는지, 그 우울의 진정한 영향(그 사람 본인에게, 다른 사람들에게, 그 사람과 다른 사람들 간의 관계에 미친 영향)은 무엇인지, 이러한 영향이 언제 가장 강했고 언제 가장 약했는지, 무엇이 그 우울을 지속시키는지, 어떤 상황에서 무엇이 그 우울을 경감시키는 방책으로 작용하는지 등과 같은 질문들이다. 이러한 종류의 질문들, 그리고 다른 많은 질문들은 문제의 존재를 스토리라인에 놓기 시작한다.

위에 예를 든 '우울'이나 '말썽씨'처럼 문제를 스토리라인에 놓는다는 것은 문제들이 어떻게 그 사람의 삶에서 그렇게 큰 영향력을 가지게 되었는지를 보다 더 분명하게 밝히기 시작할 수 있다. 또한 문제를 스토리라인에 놓음으로써, 사람들은 문제의 영향으로부터 어떻게 자기 삶을 되찾아 올 수 있을 것인지에 대하여 보다 많은 정보를 가질 수 있게 되고, 보다 풍부하게 이해할 수 있게 된다.

외재화 대화의 가장 중요한 면들 중의 하나는, 외재화 대화 안에서 보다 더 넓은 범위의 생각을 할 수 있다는 것이다. 즉 사람과 문제와의 관계가 역사와 문화에 의해서 형성된다는 것을 이해할 때, 우리는 젠더, 인종, 문화, 섹슈얼리티, 계층 등 여러 파워 관계가 어떻게 문제의 구성에 영향을 미쳤는지를 탐색할 수 있게 된다. 우리의 정체성이 형성되는 데에 정치적 면이 포함된다는 것을 생각할 때, 우리는 자기비난의 영향을 덜 받을 수 있게 된다. 또한 우리 삶이 어떻게 보다 넓은 문화적 이야기에 의해 형성되는지를 깨닫게 되고, 이런 깨달음을 기반으로 우리 삶에 대해 새로운 이해를 할 수 있게 된다. 이렇게 함으로써, 우리는 외재화 대화를 일상생활에서의 정치적 행동으로 본다. 외재화 대화는 문화와 역사 속에서 형성된 것을 문화와 역사의 영역으로 되돌려 놓는다. 이는 문제가 개인의 내면에 위치해 있었을 때는 취할 수 없었던 행동들을 위한 일련의 가능성을 열어 준다.

3 무엇을 외재화할지 어떻게 아는가?

외재화 과정은 우리에게 상담 온 사람들(역주: 내담자)과의 협동 작업 속에서 일어난다. 우리가 치료대화를 시작할 때 가지는 믿음은 다음과 같다. 즉 사람들이 우리에게 상담하는 문제는 사람들 내면에 위치하지 않고, 사람들이 사는 특정 문화의 더 넓은 이야기에 의해서 형성되어 왔다는 믿음이다. 이러한 믿음을 기반으로 우리가 묻는 질문과 우리가 공유하는 대화가 형성된다.

어떤 사람이 자기 자신에 대하여 매우 부정적으로 이야기할 때(예를 들어서 "나는 가치 없는 사람이에요"), 이때가 외재화를 위한 기회이다. 즉 이때가 바로 이러한 부정적 정체성 묘사에 관련된 외재화 대화로 이끌 질문들을 할 기회로 보는 것이다. 마찬가지로 사람들이 삶의 대안적 이야기에 관해 말할 때 만약 내담자가 자기의 어떤 성격특성을 마치도 자기의 본질적인 것처럼 말한다면("내가 어려웠던 시간을 지나올 수 있게 해 준 것은 나의 용감함이에요"), 이때가 바로 이 특성에 대한 보다 풍부한 묘사로 이끌어 줄 외재화 대화를 위한 기회이다. 이러한 외재화 대화를 통해서 우리는 이 특성을 '풀어 헤치고', 이 특성의 역사에 대해 알게 되고, 이 특성이 이 시점에서 도움이 될 수 있는 문제해결 기술과 지식에 어떻게 연결되는지를 알게 된다.

중요한 것은, 외재화되는 것에 이름을 붙일 때 내담자 본인에게 잘 맞는 방식으로 해야 한다는 것이다. 외재화되는 것(예를 들어 비난, 말다툼, 죄책감, 걱정, 두려움, 질투)에 어떤 은유를 사용할지를 누가 명확히 하는가? 일반적으로 내담자 본인이 한다. 때때로 무엇을 외재화할지 설정하는 과정에는 시간이 좀 걸린다. 예를 들어서, 어떤 사람이 자기 문제가 '불안장애'라고 하면서 시작할 때, 이것은 그 사람 본인이 붙인 이름이 아닐 가능성이 크다. 따라서 이 이름은 가장 적합한 이름이 아닐 가능성이 크다. 약간의 토론 후, 그 사람은 자기 자신의 경험에 의해 자기가 직접 붙인 이름, 예컨대 '다가오는 두려움', '떨림', '흔들림' 같은 이름을 붙일 수 있을 것이다. 그 이름이 무엇이든 간에, 그 사람의 경험에 밀접하게 적합한 이름이라는 것이 중요하다.

문제에 대하여 그 사람의 경험에 가까운 이름을 발견한다는 것은, 그 사람의 기술이나 생각을 보다 더 분명하게 활용할 수 있다는 것을 의미한다. 예를 들어, 아동이 자기를 둘러싸고 있는 모든 곤란한 상황에 대처하는 데에, 자기가 뭔가 할 수 있는 것이 있다고 생각하기는 어려울 것이다. 그러나 말썽씨를 다루는 것은 다른 문제다! 이와 비슷하게 '불안장애'를 다루는 방법은 전문가의 독점적 영역이라고 생각될 수 있다. 그러나 '다가오는 두려움'을 다루는 방법은 내담자에게 더 익숙하게 떠오를 수 있을 것이다. 문제에 대하여 외재화된 정의가 그 사람에게 잘 맞을 때, 그 사람은 자신의 삶을 통해서 생성되어 온 자신의 문제해결 전략, 기술, 생각 등을 현재의 곤경을 헤쳐 나아가는 데에 보다 더 잘 활용할 수 있게 될 것이다.

우리의 경험을 통해 볼 때, 외재화되는 것은 시간에 걸쳐서 바뀌고 변화할 수 있다. 사람들의 문제와의 관계는 그들이 치료에 참여하는 기간 동안 변화한다. 그리고 사람들의 경험이 변화하는 것과 마찬가지로 외재화 역시 변화한다. 외재화 대화는 융통성 있고 창조적일 수 있다! 또한 계속된다. 우리는 한 주는 외재화 언어를 사용하고 나서 다음 주에는 내재화 언어를 쓰고, 그러지는 않는다. 우리는 치료과정 전체에서 외재화 대화를 유지한다.

또한 어떤 문제에 대해서 오직 하나의 외재화된 정의만 존재할 필요는 없다는 것을 언급하는 것이 적절할 것 같다. 실제로 한 사람 이상과 함께 상담할 때, 문제 규정이 하나 이상일 확률이 높다. 가족과 함께 이야기할 때, 문제에 대한 규정이 다섯 개일 수 있고, 그래도 좋다! 설사 각자가 문제에 대해서 각각 다른 규정을 할지라도, 한 번에 하나의 특정 외재화된 문제를 다 함께 다루자는 데에 보통은 동의할 수 있다.

4 어떤 종류의 것들이 외재화되는가?

글쎄… 우리에게 외재화는 어느 때에 사용하기로 하고 다른 때에는 사용하지 않기로 하는 기술이 아니다. 그러므로 무엇은 외재화될 수 있고, 무엇은 외재화될 수 없다는 선택의 문제는 정말로 아니다. 상담실로 가져오는 모든 문제가 외재화 대화 속에서 외재화의 대상이 될 수 있다. 외재화는 특정 개인의 경험에 적합해야 한다는 것을 확실히 하는 것을 유념하게 되면, 외재화의 범위는 상담받는 사람들의 경험, 설명, 상상만큼이나 다양할 수 있다.

외재화 대화는 또한 상담실 밖에서도 일어날 수 있다. 집단, 직장, 심지어는 지역사회에서도 다양한 이유로 외재화 대화에 연결된 사례들이 많이 있다. 지역사회 외재화에서 잘 알려진 사례들 중의 하나는 남동 아프리카 말라위에서의 교육 프로젝트에서 행해졌다. 그곳에서 외재화는 인체면역 결핍바이러스/에이즈(HIV/AIDS) 위기에 대한 대응으로 사용되었다.[3] 인체면역 결핍바이러스/에이즈(HIV/AIDS)를 둘러싼 '스티그마와 침묵'과 같은 문제들은 지역사회를 분열시키는 데에 기여해 왔는데, 이런 문제들이 외재화되었다. 또한 에이즈(AIDS) 자체는 '에이즈 씨'(Mr/Ms. AIDS)로 의인화되었다. 여기에서 '에이즈 씨'(Mr/Ms. AIDS) 역할을 하는 등장인물과 지역사회 주민들이 대화하도록 장려하였고, 그 대화 속에서 '에이즈 씨'의 책략, 희망, 꿈 등이 노출되었고 분명해졌다. 그리고 이러한 대화는 지역사회 주민들이 '에이즈 씨'에 대한 대응으로서 단결하는 데에 기여하였다. 또한 외재화된 대항책을 '케어 부인'(Mrs. Care)이라고 규정하고 의인화한 것 역시 집합적 행동을 활성화시켰다.

5 외재화 대화의 효과는 무엇인가?

우리에게 상담 온 사람들이 외재화 대화에 가장 흔하게 보이는 반응은 자기가 문제가 아니라는 안도감이었다. 또한 문제의 영향에 가려서 보지 못했던 자기에 관한 대안적 이야기들, 그리고 자기 삶의 다른 면들과 더 많이 연결될 방법이 있다는 데에서 오는 안도감이었다.

외재화 대화는 사람들의 삶에서 문제를 '탈중심화'시킨다. 탈중심화가 의미하는 바는, 사람들을 괴롭히는 것들(그것이 무엇이든)과 사람들 사이에 공간이 만들어진다는 것이다. 어떤 사람이 스스로를 '무가치한' 사람이라고 여겼다면, 외재화 대화를 통해서 그 사람은 '무가치함'이 자기 삶을 지배해 왔다는 것, 그리고 여기에는 역사가 있다는 것, 그리고 무가치함의 영향으로부터 자기 삶을 되찾아올 기회가 있다는 것을 알게 되는 것이다.

또한 문제가 외재화될 때, 이 문제를 지속시키는(그리고 문제의 영향을 약화시키는) 관행이 무엇인지를 알아내는 것 역시 가능해진다. 예를 들면, 만약 '무가치함'이 그 사람의 삶에 중요하게 영향을 끼쳤다면, 심판이나 비판, 아마도 학대와 같은 특정 관행이 이를 가능하게 했을 확률이 높다. 이런 특정 관행들에 대한 외재화 대화는 이러한 관행들의 작동에 관하여 보다 더 잘 이해하도록 해 줄 것이다. 또한 우리는 함께, 이런 특정 관행들의 부정적 영향을 피하기 위한 대안들을 보다 많이 개발할 수 있다.

일단 문제가 외재화되고 문제를 지지하는 관행들이 외재화되었다면, 당사자에게 문제에 관하여 어떤 입장을 취할 것인지 물어보는 것이 가능해진다. 이는 문제에 '찬성하느냐' 혹은 '반대하느냐'의 단순한 일이 아니다. 왜냐하면 경험은 언제나 복합적인 것이라서 한마디로 말할 수는 없기 때문이다. 예를 들어서 '무가치함'에 관한 외재화 대화에서 그 사람은 '무가치함'을 몰아내고 싶다는 소망, 그러나 '자기의 행동이 다른 사람들에게 끼칠 영향에 대하여 자기를 성찰하는 능력은 계속 가지고 싶다'는 소망을 말할지도 모른다. 문제와 관련하여 입장을 취하도록 사람들을 초대한다는 것은, 사람들이 문제의 영향력으로부터 자기 삶을 되찾아오기 시작하는 공간을 더욱 많이 만들어준다. 그러나 경험의 복합성에 대해 고려할 필요가 있다.

사람들이 문제로부터 물러나서 분리되어 문제의 내력과 부정적 영향을 생각함에 따라서, 사람들은 자기가 익숙했던 영역과는 다른 영역에 서 있다는 것을 알게 된다. 이 다른 영역은 종종 자기 비난이나 심판과 같은 관행으로부터 자유로운 영역이다.

문제가 탈중심화됨에 따라서, 사람들의 문제대처와 관련된 삶의 지식과 기술이 대화의 중심에 오게 된다. 이러한 삶의 지식과 기술들이 탐구의 초점이 되는 것이다. 또한 일단 문제가 그 사람의 정체성으로부터 분리된 것으로 이해되면, 지지팀을 형성할 수 있는 가족이나 친구가 누구인지 알아내고, 문제의 영향력을 줄이기 위해 지지팀의 노력을 지속시키는 것이 더욱 가능해진다. 수치감은 줄어들고 문제가 더 이상 내재화되지 않으면서, 집합적 행동이 보다 더 가능해지는 것이다.

그뿐만이 아니다. 외재화 대화가 우리의 치료자로서의 경험에 미치는 영향도 많이 있다. 이 장의 말미에 우리는 그러한 영향에 대해서 말할 것이다.

💬6 외재화 대화는 이야기치료의 다른 실천 방법과 어떻게 부합하는가?

기본적으로 외재화 대화는 사람들이 선호하는 이야기, 그리고 사람들이 가지고 있는 즐거운 기술, 생각, 지식을 향한 입구이다. 문제가 외재화될 때, 즉 사람들이 *자기가* 문제라고 더 이상 믿지 않을 때, 이는 그들의 지식과 기술을 탐구하는 문을 열어준다. 또한 이는 어떻게 문제의 영향에 대처할지 그 방법을 탐구하는 문을 열어 준다.

외재화 대화를 하는 중에 우리 치료자들은 이른바 '독특한 성과'를 찾으려고 한다. 독특한 성과란 문제의 영향이 그렇게 강하지 않았던 순간들이다. 이런 순간들 중의 하나에 우리가 주목할 때, 이는 무엇이 이 독특한 성과를 가능하게 했는지 살펴보기 시작하는 기회가 된다. 여기서는 이에 관해 자세하게 들어가지 않겠지만, 우리가 이러한 '독특한 성과들'을 대안적 스토리라인에 놓을 방법들은 많이 있다.

예를 들어, 자기가 '무가치한' 사람이라고 믿는 사람이 상담실에 들어왔다고 해 보자. 이름을 주디라고 하자. '무가치함'을 외재화시키고 그 역사와 영향을 알아본 후, '무가치함'이 주디의 삶에서 영향을 덜 미친 순간들이 있었다는 것을 발견할 수 있다. 이러한 순간들(독특한 성과들)은 어떤 특정 순간이나 장소나 친구와 연관될 수 있다. 혹은 이런 독특한 성과들은 이 순간에 주디가 하는 어떤 일들, 주디가 가진 어떤 생각들, 혹은 주디가 하는 어떤 신체활동 등과 연관될 수 있다. 시간이 흐르면서 이러한 독특한 성과들은 대안적 스토리라인에 놓일 수 있다. 이 사례에서 주디가 자기 삶의 이러한 대안적 스토리에 '유능함'이란 이름을 붙이기로 했다고 하자. 그러고 나면 우리는 이 '유능함'에 대하여 외재화 대화를 통해서 많은 것을 탐구하게 될 것이다. 예를 들어 이 '유능함'의 역사를 탐구하고, 이 '유능함'에 기여했던 사건들과 사람들에 대해서 물어볼 것이다.

외재화 대화는 단지 문제에만 초점을 맞추지 않는다. 이야기치료자로서 우리는 또한 내재화된 긍정적 자질들(예컨대 유능함 같은)과 관련된 외재화 대화도 사용한다. 우리는 '유능함'도 역시 역사와 문화의 산물이라는 것을 알고 있다. 따라서 우리는 다음과 같은 질문을 할 수 있다. 이 '유능함의 느낌'이 주디의 삶에서 어떻게 생성되었는지, 이를 생성시키는 데에 누가 도움을 줬는지, 이를 듣고 가장 덜 놀랄 사람은 누구인지, 무엇이 이를 지속시키는지, 이는 무엇을 가능하게 하는지, 이는 주디에게 무엇을 의미하는지, 이는 다른 어떤 문제해결 기술과 어떻게 관련되는지 등이다. 이러한 과정을 통해서 이러한 긍정적 자질들(예컨대 유능함 같은)은 그 사람의 삶에서 문제의 영향에 대처하는 데에 더 유의미하고 더 깊은 관련을 맺게 된다.

주디와의 대화의 이 시점에서, 외재화는 다른 이야기치료 실천 방법에 연결되는 기회를 줄 것이다. 일단 문제가 외재화되고 독특한 성과를 통해서 대안적 이야기가 생성되기 시작했을 때, 다른 이야기실천 방법들, 예를 들면 회원재구성 대화, 외부증인 과정, 치료적 편지나 문서, 예식이나 축하 등의 모든 방법들이 보다 더 적절해진다. 이 모든 다른 실천 방법들은 사람들의 삶에서 대안적 이야기에 대한 '풍부한 묘사'를 이끌어내는 데에 사용된다.[4] 이렇게 사람들의 삶에서 대안적 이야기에 대한 풍부한 묘사를 이끌어냄으로써 사람들이 자기 삶에서 중요한 변화를 일으킬 수 있도록 돕는다고, 우리는 믿는다.

7 실천가들이 처음 외재화 대화에 참여하기 시작하면서 힘들어하는 점이 있는가?

모든 일이 그러하듯, 처음 외재화 대화를 시작하는 실천가(역주: 치료자, 상담자보다 더 폭넓은 의미로 사용됨)가 이에 능숙해지기 위해서는 시간과 연습과 열정이 필요하다. 어떤 실천가들은 처음에는 외재화 대화에서 언어를 다른 방식으로 사용하는 것을 어색해 한다. 초기에는 서툴세 느끼고, 심지어는 실천가가 대화에서 중심적 위치에 불편한 방식으로 있는 것처럼 느낄 수도 있다. 새로운 방식의 언어 사용이 매끈하게 자기 일의 일부가 되기 위해서는 시간이 필요하고, 많은 연습(상담실 안과 상담실 밖에서 다)이 필요하다.

게다가 외재화 대화가 나타내는 다른 방식의 생각(역주: 후기구조주의적 생각)에 완전히 익숙해지기 위해서 역시도 시간이 필요하다. 외재화는 우리 일상생활에 그렇게도 만연해 있는 내재화적 방식에 의문을 제기한다. 그러므로 외재화는 단순한 치료 '기법', 그 이상을 나타낸다. 우리에게 상담 온 사람들은 문제를 자기 내면에 위치시키려고 하는 내재화의 관행에 일상적으로 저항해야만 한다. 우리가 볼 때 치료자로서 우리의 역할은 대안적 이해와 대안적 행동을 위한 틀을 제공하는 것이다. 처음 외재화 대화를 시작할 때, 이 새로운 사고방식이 내포하는 의미에 좀 익숙해지는 것이 필요하다. 많은 실천가들에게 외재화는 우리에게 상담 온 사람들의 삶뿐만 아니라 우리 자신의 삶에 대해서도 매우 다른 관점을 요했다.[5]

실천적인 면에서 볼 때, 외재화를 배우는 초기에 실천가들이 때로 갈등을 겪는 것이 있다. 이는 외재화 대화에서 어느 은유를 특별대우할지에 대한 딜레마와 관련된다.

○ 문제가 외재화될 때 내담자 가족들은 때로 문제와 관련해서 '전투'라는 은유를 사용할지도 모른다. 그들은 자기가 얼마나 문제를 '때려부수고', '맞서 싸우고', '투쟁하고' '정복하고' 싶은지를 말할지도 모른다. 실천가로서 이는 좀 혼란스러울 수 있다. 우리 사회에서 전투나 경쟁의 은유는 매우 흔하다. 우리 실천가들이 이러한 은유와 관련을 맺어야만 하는가? 전투나 경쟁의 은유와 관련을 맺는다는 것은 때로 스트레스와 긴장에 기여할 수 있다. 또한 그 사람 경험의 민감한 미묘함을 놓칠 수 있다는 것을 의미할 수도 있다. 그리고 전투나 경쟁의 은유에 관련을 맺는다는 것은 우리가 연관 맺기를 원치 않는 존재방식을 재현할 수도 있다. 그러나 사람들이 말 그대로 자기 삶을 위해 투쟁하고 있을지도 모르는 상황에서는(예를 들어 생명을 위협하는 섭식장애나 자기혐오의 목소리와 관련해서), 전투의 은유가 자기가 경험하고 있는 것에 대한 가장 정확하고 적합한 묘사라고 믿을 수도 있다.

치료자로서 우리는 갈등이나 전투의 은유를 도입하지 않는다는 것, 그리고 우리는 문제가 사람들의 삶에서 어떻게 중심적 위치를 덜 차지할 수 있는지에 대한 다른 은유를 폭넓게 알고 있다는 것, 그것이 중요하다. 다른 은유에는 예컨대 문제의 영향으로부터 자기 삶을 되찾기, 문제의 영향을 피하기, 문제와 자기와의 관계를 수정하기, 문제를 교육시키기, 문제와 협상하기, 문제와 휴전하기, 문제를 길들이기, 문제를 약화시키기 등이 있다. 또한 다른 은유로는, 사람들이 문제로부터의 초대 중 어떤 초대는 받아들이고 어떤 초대는 거절하는가를 결정하는 데에 관련된 은유가 있다. 사람들이 자기 삶에서 문제의 영향력을 감소시키는 것에 관해서 가질 수 있는 비폭력적이고 비적대적이고 비경쟁적인 방법이 수없이 많이 있다.

이야기치료에 관한 문헌에서 전투의 은유를 강조하거나, 사람들의 삶에서 문제를 쳐부수고자 한 적은 거의 없다. 이야기치료자로서 우리 일의 대부분은 대안적 은유의 대단히 넓은 범위에서 사람들과 관계를 맺는 것이다.

8 타인에게 해를 끼치는 행동-괴롭히기, 놀리기, 폭력 사용하기-에 대해서는 어떠한가? 이와 같은 상황에서 당신은 외재화 대화를 사용할 수 있는가?

좋은 질문이다. 타인을 괴롭히거나 놀리거나 폭력이나 학대를 행한 사람들과 일할 때 우리 치료자들에게 중요한 것은, 그들이 자기 행동에 대해 분명한 책임을 지도록 하는 것이다. 외재화 대화 방법을 통해서, 그들이 그 문제의 영향을 명확히 하고 방지할 책임을 질 가능성을 더 높일 수 있다. 치료자로서 우리는 이러한 대화를 어떻게 하는지에 대하여 주의를 기울여야 한다.

외재화는 사람들을 자기 행동, 혹은 자기 행동의 진정한 영향으로부터 분리시키고자 하는 것이 아니다. 외재화 대화의 핵심요소는 외재화된 문제가 그 사람의 삶에, 그리고 그 문제의 영향을 받고 있는 다른 모든 사람들의 삶에 미치는 진정한 영향을 상세하게 살펴보는 것이다. 이러한 영향들을 상세하고 구체적으로 알아봄으로써, 외재화 대화는 그 사람이 그 문제에 대하여 자기의 입장을 표명할 수 있도록 해 준다. 그러고 난 연후에, 그 사람이 그 문제의 영향을 명확히 하고 감소시키는 방식으로 다른 사람들과 관계를 맺을 수 있도록 해 준다.

폭력 행위자들과 일함에 있어서, 이는 단순히 '폭력'이나 '학대'를 외재화하는 것, 그리고 이 외재화가 행위자의 책임지기를 증가시키고 문제의 영향을 감소시킬 거라고 생각하는 것은 아니다. 행위자와의 외재화 대화의 핵심 요소는 폭력 문제를 유지 시키는 특정한 생각, 믿음, 관행들을 살펴보는 것이다. '폭력'의 관행에는 '타인을 판단하기', '타인을 손상시키는 행동을 하기', '파워를 행사하기', '타인을 배려하지 않기', '통제하기', '정서적 관계를 맺지 않기', '고약한 생각을 하기', '잔인한 행동을 하기', '내가 우위에 있다고 생각하기' 등이 있다. 외재화 대화를 통해서 이런 관행들과 사고방식의 진정한 영향들을 신중하고 명료하게 드러내는 것이 중요하다. 이렇게 하면서 그 사람이 이러한 관행들과 사고방식이 어디에서 시작 되었는지, 그리고 삶에서 그 결과는 무엇인지를 보다 더 깨닫도록 하는 것이다. 이러한 관행과 생각이 그 사람의 삶과 인간관계에 미치는 진정한 영향이 드러날 때, 이러한 관행과 생각의 내력이 명료해질 때, 이러한 관행과 생각이 젠더와 파워 등의 사회적 구성에 의해 어떻게 지지되고 유지되었는지 그 연결을 이해할 때, 그 사람이 파워와 통제에 관한 관행과 생각에 관련하여 자기의 입장을 취할 수 있게 된다. 이렇게 입장을 취하게 되면, 책임 있는 행동을 취하는 것이 보다 더 가능해진다. 이러한 대화를 하는 동안에 독특한 성과, 즉 그 사람이 폭력, 파워, 통제를 지지하는 관행과 생각의 영향을 덜 받았던 순간들을 알아볼 수 있다. 그리고 이러한 독특한 성과들은 잘못에 대한 보상, 돌봄, 연민 등의 책임 있는 행동의 대안적 이야기로 들어가는 통로가 될 수 있다.

타인에게 해를 끼치는 행위나 폭력에 대하여, 행위자들의 특권을 해체하고 책임을 지도록 하는 대화를 하는 데에는 치료자의 책임이 존재한다 (외재화 대화는 아니는간에). 이러한 책임에는 다음과 같은 것들이 있다. 폭력 피해자의 안전을 고려하기, 파워의 문제를 다루기, 관련된 사람들이 안전한지를 점검하는 방식을 명확히 하기, 모든 과정을 투명하게 하기 등이다. 이 문제에 대해서 여기에서 더 상세하기 설명하기는 어렵다. 이 장의 말미에 이에 관해서 더 읽을 수 있는 자료들을 제시하였다.

9 외재화 대화를 사용할 때 유용한 힌트가 있는가?

모든 것이 그렇듯이, 우리가 빠뜨린 것도 있을 것이고 충분히 이해하기 위해서 더 작업해야 하는 것들도 있을 것이다. 외재화에 관해 가장 흔한 혼돈은 외재화가 다른 심리치료 모델에서 온 생각들과 혼돈될 때 일어난다. 다른 심리치료 접근에서 훈련받았던 학생들에 의하면, 자기들이 익숙했던 종류의 대화와 외재화 대화가 얼마나 다른지 숙지하는 것에 시간이

걸릴 수 있다고 한다. 우리는 가장 흔한 혼돈을 몇 가지 정리하였고, 이에 관해 유용한 힌트가 될 수 있는 몇 가지 점을 아래와 같이 제시하였다.

○ 문제 진단에 익숙한 다른 심리치료 모델에서 훈련받은 학생들은 '옳은' 외재화를 발견하고 '그 하나의 옳은' 외재화에 머무르는 데에 집착할 수 있다. 그리하여 이는 상담 온 사람들과 협동하여 일하는 데에 방해가 될 수 있다.

유용한 힌트 #1: 이는 의료모델에서의 진단과 다르다는 것을 기억하도록 하라. 하나의 '정확한' 외재화는 없다. 외재화되는 것은 내담자의 경험과 딱 맞아야 한다. 그러나 이는 시간의 흐름에 따라 변할 수 있다.

○ 만약 우리가 단순히 그 사람의 '나쁜 것들'을 외재화한다면, '타고난' 혹은 '본질적인' 좋은 것들은 저절로 모습을 드러낼 것이라고 때로 생각할 수 있다. 이러한 생각은 이야기치료의 기반이 되는 사조(후기구조주의)와는 매우 다른 사조(인본주의)에서 온 것이다. 문제를 외재화하면 자동적으로 사람들이 문제로부터 마술처럼 자유로워질 것이라고 믿는 것은, 우리의 경험에서 볼 때 함정과도 같다. 왜냐하면 이는 우리 치료자들이 그 사람의 삶에서 대안적 이야기를 풍부하게 끌어내는 일을 안 해도 된다는 것을 의미하기 때문이다.

유용한 힌트 #2: 문제를 외재화한다는 것은 시작일 뿐이란 것을 기억하라. 그다음 단계는 대안적 이야기를 풍부하게 끌어내는 것이다.

○ 외재화는 다른 심리치료 전통의 생각들과 때로 혼돈되면서, '자기'의 어떤 특정요소를 분리하여 조사한 후 이를 '전체적 자기'로 재통합하는 과정의 일부라고 오해될 수 있다. 다시 말하건대, 이러한 생각은 이야기치료의 기반이 되는 사조(후기구조주의)와는 매우 다른 사조(인본주의)에서 온 것이다. 이야기치료는 통합될 필요가 있는 '전체적 자기'를 믿지 않는다. 이야기치료는 우리의 정체성은 많은 이야기들로 이루어지고 이러한 이야기들은 끊임없이 변화한다고 믿는다.

유용한 힌트 #3: 외재화된 것을 재통합하려고 하지 말아라. 그 대신 심지어는 좋은 것들도 외재화될 수 있다는 것, 그리고 이렇게 함으로써 우리는 사람들의 삶의 대안적이고 선호되는 이야기들의 풍부한 발전을 도울 수 있다는 것을 기억하라.

○ 어떤 심리치료 모델은 모든 것에는 '좋은 점과 나쁜 점'이 공존하며 사람들은 어떤 문제라도 그 영향으로부터 완전하게 자유로워지기를 원해서는 안 된다는 믿음을 내포한다. 그러나 이러한 생각은 매우 혼란스러울 수 있다. 즉 내담자가 예컨대 '자기혐오의 목소리'가 없는 삶을 선호하는 것이 매우 분명할 때, 위와 같은 생각은 혼란스럽다.

유용한 힌트 #4: 치료자로서 우리의 역할은 문제의 영향이 정확히 무엇인지를, 그리고 관련된 사람(들)이 바람직하다고 여기는 미래 행동이 무엇인지를 계속 점검하는 것이다.[6] 이런 혼란이 올 때는 우리의 역할이 이러하다는 것을 스스로에게 상기시키는 것이 도움 된다.

10 나쁜 것은 외재화하고, 좋은 것은 내재화하는 것인가?

좋은 것은 내재화하고 싶은 유혹을 느낄 수 있다. 어떤 사람이 '나는 높은 자부심을 갖고 있어요'라고 말하면서 이에 대해 자랑스러워할 때, 때로 이를 그냥 놓아 두고 싶은 유혹을 느낀다. 그러나 우리의 경험으로 볼 때, '좋은 것'을 외재화한다는 것은 이런 좋은 것들이 '보다 풍부하게 묘사된다'는 것이다. 예컨대 만약 '강점'이 외재화된다면(즉 강점이 타고나거나 내재된 것으로 이해되지 않고 생성된 것으로 이해된다면), 우리는 다음과 같은 다양한 질문들을 할 수 있다. 즉 이 '강점'을 이루는 기술이나 지식들을 명확히 하는 질문들, 이 '강점'의 내력을 추적하는 질문들, 그 사람의 삶에서 어떤 소중한 사람들이 이 '강점'의 존재에 공헌했는지를 살펴보는 질문들 말이다. 또한 만약 이 '강점'이 외재화된다면, 이는 우리가 이 '강점'이 그 사람의 삶에서 다른 어떤 것을 지지하는지, 그것이 무엇을 의미하는지 등을 물어볼 거라는 뜻이다. 또한 이 '강점'에 대한 외재화 대화에서는 이 '강점'에 연결되는 가치와 헌신, 그리고 이러한 가치와 헌신의 역사에 관해 물어볼 것이다.

우리 이야기치료자들은 믿는다. 사람들의 삶의 대안적 이야기에 대한 풍부한 묘사를 통해서 사람들에게 보다 더 많은 행동 대안들을 제공할 수 있다고, 그리하여 중요한 변화가 일어나도록 할 수 있다고 말이다. 삶은 오직 문제와 어려움에 대한 것뿐만은 아니며, 그렇다고 '강점'만을 위한 것도 아니다. 삶은 희망, 꿈, 열정, 원칙, 성취, 기술, 능력 등등에 대한 것이다. 우리 삶의 이런 모든 면들은 탐구와 풍부한 묘사를 기다리고 있다!

💬 11 외재화 대화에서 가장 유익한 것은 무엇인가?

다음은 우리가 치료자로서 외재화 대화에서 가장 유익하다고 느끼는 것들 중 몇몇을 제시한 것이다.

○ 사람들이 경험하고 있는 문제와 관련하여, 나는 외재화 대화 안에서 전문가의 위치를 가질 필요가 없다. 그 대신 나는 이러한 문제들이 어떻게 작동하는지에 대해서 진정으로 호기심을 가질 수 있으며, 당사자와 함께 문제와 관계 맺는 새로운 방식을 탐구할 수 있다.

○ 중요하게도, 외재화는 내가 사람들이 겪고 있는 문제들에 대해 그들을 비난하지 않을 수 있도록 해 준다. 이는 내게 안도감을 준다. 그 대신 우리는 협동해서 문제의 영향과 책략을 탐구할 수 있고, 문제의 영향력을 줄일 방법을 알아낼 수 있다.

○ 나에게 외재화는 기본적으로 권력과 정치에 관한 것이다. 심리치료와 심리학의 매우 많은 부분이 사실상 사회적 이슈들의 위치를 오직 개인의 심리 내면에만 두었다. 외재화 실천을 통해서 우리는 권력의 사회적 관계가 어떻게 문제를 형성했는지를 보다 더 추적할 수 있다. 이에 따라 사람들이 자기의 정체성을 문제로부터 분리시키도록

도울 수 있다. 나에게 이는 문화와 역사로부터 온 것을 문화와 역사로 되돌려 주는 작업이며, 일상생활에서의 정치적 작업이다.

○ 외재화 대화는 내가 질문할 때 여러 다른 입장, 즉 때로는 취재 기자, 때로는 역사 추적자, 때로는 탐정의 입장을 취할 수 있게 해 준다. 이는 흥미 있는 일이다!

○ 우리가 개인, 그리고 개인적 잘못이나 개인적 해결책에 대해서만 이야기하지 않는 것에 대해서 나는 감사하게 여긴다. 그 대신 우리는 역사와 관계에 대해서 이야기하고 있고, 사람들이 취한 진보를 증언할 청중들을 찾고 있다.

○ 폭력 행위자인 남성과 일할 때 외재화 대화 안에서 남성 본인이 남성성의 대안적 방법을 명확히 할 기회를 만들어 내는 것, 나는 이것이 매우 유익하다는 알게 되었다. 이 작업은 복잡하고 많은 수고를 요한다. 그러나 남성이 자기 행동에 대한 책임을 지고 비폭력적인 대안적 방식의 삶을 향해 이동하기 시작할 수 있도록 하는 것은 매우 중요하다.

○ 나에게 외재화가 의미하는 바는, 사람들이 삶에서 문제의 영향을 극복하는 것을 도와 준 아름다운 인간관계에 대해서 자주 듣게 된다는 것이다. 이것은 매우 희망적일 수 있다. 나는 사랑스런 이야기들을 듣고 그것들을 소중히 여긴다. 나는 집에 있을 때 그런 이야기들에

대해서 생각한다.

○ 외재화 대화는 사람들이 문제의 영향력으로부터 자기 삶을 되찾아
오는 과정에서 내가 그 일부가 될 수 있도록 해 준다.

이 질문과 답에 관하여

이 장을 만드는 데에 기여해 준 진 콤스, 제인 스피디, 스티븐 마디건,
이본 슬립, 마이클 화이트, 캐롤린 마키, 마크 헤이워드, 아만다 레드스
톤, 패트릭 올리어리, 질 프리드만, 제프 짐머만, 수 만, 이아인 룹톤, 딘
로보비츠, 메리 페킨에게 감사를 표한다. 또한 우리는 위 사람들의 기여
를 모아 준 데이빗 덴버로의 역할에 대해서 특별히 감사를 표한다.

주

1. 외재화는 마이클 화이트가 처음 이 분야에 소개하였다. 이후 광범위한 범위의 여
   러 실천가들이 외재화를 발전시켜 왔다.
2. 성인들을 위한 의인화는 이 장에서 나중에 Mr/Ms. AIDS와 관련하여 설명된다.
   Mr/Ms. AIDS는 아프리카 말라위의 지역사회 프로젝트에서 사용되었던 외재화이다.
3. 말라위에서의 이 작업에 대하여 보다 자세히 알고 싶다면, Sliep & CARE
   Counsellors (1998)을 보거나 Yvonne Sliep c/o ysliep @mweb.co.za로 편지하시오.
4. 이러한 다른 이야기실천에 대해서 더 읽기를 원한다면 다음 책을 보시오.
   Morgan, A., *What is narrative therapy? An easy-to-read introduction.* Dulwich
   Centre Publications. 2000(역주: 고미영 역. 《이야기치료란 무엇인가?》 청목출판사.

2003).

5. 외재화와 관련된 다른 사고방식에 대해서 더 많은 정보를 원한다면 Thomas, 'Post structuralism and therapy-what's it all about' (2002) *International Journal of Narrative Therapy and Community Work* #2를 보시오(역주: 이 글은 이 책의 제 5 장에 수록되어 있음).

6. 폭력행동과 관련해서, '점검'은 폭력의 영향을 가장 많이 받는 사람들, 즉 피해자들 의 목소리와 의견을 가장 우선하도록 조심성과 책임성 있는 과정을 요한다.

외재화에 관한 추가 읽기 자료

Companions on a Journey: an exploration of an alternative community mental health project 1997: *Dulwich Centre Newsletter* No. 1 Republished in white, C. & Denborough, D. 1998: *Introducing Narrative Thearapy: A collection of practice-based writings.* Adelaide, South Australia: Dulwich Centre Publications.

Morgan, A. 2000: *What is Narrative Therapy? An easy-to-read introduction.* Adelaide, South Australia: Dulwich Centre Publications

Epston, D. 1998: *Catching Up With David Epston: A collection of Narrative Practice-based Papers.* Adelaide, South Australia: Dulwich Centre Publications.

Freeman, J., Epston, D. & Lobovits, D. 1997: *Playful Approaches to Serious Problems: Narrative therapy with children and their families.* New York. W. W. Norton.

Freedman, J. & Combs, G. 1996: *Narrative Therapy: The social construction of preferred realities.* New York. W. W. Norton.

Payne, M. 2000: *Narrative Therapy: An introduction for counsellors.* London: SAGE Publications.

Sliep, Y. & CARE Counsellors, 1996: 'Pang'ono pang'ono ndi mtolo - Little by little we make a bundle.' *Dulwich Centre Newsletter*, No. 3. Republished in White C . & Denborough D 1998: *Introducing Narrative Therapy: A collection of practice-based writings.* Adelaide, South Australia: Dulwich Centre Publications.

Thomas, L. 2002: 'Poststructuralism and therapy - what's it all about?' *International Journal of Narrative Therapy and Community Work*, No. 2.

White, M. &- Epston, D. 1990: *Narrative Means to Therapeutic Ends.* New York: W. W. Norton.

폭력행위자와의 이야기치료에 관한 추가 읽기 자료

McLean, C., Carey, M. & White, C. (eds) 1996: *Men's Ways of Being.* Boulder, Colorado: Westview Press.

Jenkins, A. 1990: *Invitations to Responsibility: The therapeutic engagement of men who are violent and abusive.* Adelaide, South Australia: Dulwich Centre Publications.

Jenkins, A., Joy, M. & Hall, R. 2002: 'Forgiveness and child sexual abuse: A matrix of meanings.' *International Journal of Narrative Therapy and Community Work*, No 1.

Slattery, G. 2000: Working with young men: Taking a stand against sexual abuse and sexual harassment. *Dulwich Centre Journal*, Nos. 1& 2.

White, M. 1995: 'A conversation about accountability.' In White, M. *Re-Authoring Lives: Interviews and essays.* Adelaide, South Australia: Dulwich Centre Publications.

2장

이야기 다시쓰기: 흔히 묻는 질문들에 대한 답

질문들을 모아서
쇼나 러셀과 매기 커리가 답함.

이 글은 원래 *The International Journal of Narrative Therapy and Community Work*(2003) 제3호에 게재된 것임.

1 이야기 다시쓰기 대화란 무엇인가?

사람들이 치료자를 찾아올 때, 힘들고 복잡한 상황으로 인해 자신에 대해 매우 부정적 결론을 내렸기 때문인 경우가 종종 있다. 이런 부정적 결론의 예를 들자면, '낙오된', '절망에 빠진', '마땅히 불행한', '우울한', '미친' 등, 문제로 가득한 정체성 결론들이다.

　사건은 우리 모두의 삶에서 일어나며, 그 사건 자체는 변할 수 없다. 사람들은 트라우마나 손실을 경험하는데 이는 되돌릴 수 없다. 그러나 이러한 사건들이 이해되고 해석되는 방식에 따라 사건의 영향에는 상당한 차이가 있다. 예를 들어 만약 당신이 어떤 트라우마가 '당신 잘못'으로 일어났고 당신은 언제나 '낙오자'로 살았기 때문에, 그 트라우마의 지배를 벗어날 수 없다고 믿는다고 해 보자. 그리고 이러한 종류의 사건들이 당신의 남은 삶에서 계속 일어날 것이라고 믿는다고 해 보자. 이렇게 믿는 것은, 그 사건은 정당화될 수 없는 불의나 학대의 일회적 사건이라고 믿는 것과는 매우 다른 영향을 미칠 것이다. 사건이 어떤 종류의 스토리라인에 놓이느냐 하는 것은 그 사건이 그 사람의 삶에 미치는 영향에 중대한 차이를 가져온다. 이러한 스토리라인이 그냥 만들어지는 것은 아니다. 스토리라인은 많은 영향들, 인간관계들, 사건들, 더 큰 사회적 파워관계 등에 의해서 만들어지는 것이다.

　이야기 다시쓰기 대화는 내담자(들)과 치료자 사이에서 이루어지는 것이다. 이야기 다시쓰기 대화에는 정체성에 대한 대안적 스토리라인이 무엇인지 알아내고 이를 함께 만들어 가는 작업이 포함된다. 이야기 다시쓰기 실천의 기본가정은 어느 하나의 스토리도 그 사람의 삶을 총체적으로 담을 수는 없다는 것, 그리고 여러 이야기들에는 언제나 비일관성과 모순이 존재한다는 것이다. 이렇게 볼 때, 우리의 정체성은 단일 이야기가 아니다. 우리의 정체성은 어느 하나의 이야기로 요약될 수 없다. 우리는 복합적인 여러 이야기로 이루어진다. 내담자를 상담실로 오게 한 어려움이 무엇이든지 간에, 이야기 다시쓰기는 그 사람의 어려움에 대한 대응을 도울 스토리라인을 그와 함께 공동으로 저작하는 작업을 포함한다.

이 대안적 스토리라인은 단순히 아무것도 없는 데에서 만들어지지 않는다. 대안적 스토리라인은 발명되지 않는다. 지나간 사건들이 일정한 방식으로 해석되고 하나의 주제로 연결되면서 지배적 문제 이야기를 형성하듯이, 대안적 이야기들도 그렇게 형성된다. 이 장에서 나중에 우리는 어떻게 대안적 이야기가 치료적 대화를 통해서 공동으로 구성될 수 있는지를 설명할 것이다. 지금은 먼저 이야기의 의미에 대해서 살펴보는 것이 적절할 것이다.

데이비드 엡스턴과 마이클 화이트는 이야기 은유와 이야기 다시쓰기 은유를 치료의 장(field)에 소개하였다(Epston & White, 1990; Epston, 1992; White 2001a). 그들의 작업이 소개한 핵심 사항들 중의 하나는, 어떻게 이야기가 사람들의 정체성을 형성하는지에 대해 생각하는 것이었다. 이러한 생각은 무엇이 이야기를 형성하는지에 대한 탐구로 이끌었다. 스토리라인이 발달하는 데에는 네 요소가 있다. 즉 스토리라인은 다음과 같이 이루어진다.

i) 사건들이
ii) 연속적인 순서로

iii) 시간의 흐름에 걸쳐서

iv) 플롯이나 주제에 따라서 짜여짐

만약 이 요소들 중의 하나라도 없다면, 스토리라인이 이루어지는 것은 불가능하다. 그러므로 이 요소들의 각각을 고려하는 것은 이야기 다시쓰기에서 필수적이다.

예를 들어, 저메인은 자기가 '바닥깔개'(역주: 학대받아도 가만히 있는 사람을 비유하는 말)라는 결론에 도달했다고 하자. 저메인의 치료자는 이 결론을 이해하고자 하고 그러한 결론의 역사를 살펴보고자 할 것이다. 저메인은 시간의 흐름에 따라 연속적으로 일어난 특정 사건들이 어떻게 자기가 '바닥깔개'라는 것을 믿도록 했는지, 그리고 어떻게 자기는 현재 겪고 있는 힘든 일들을 응당 겪어야 마땅하다는 것을 믿도록 했는지에 대한 이야기를 시작할 것이다. 저메인은 자기 권리를 주장하지 않고 남들이 자기를 지배하도록 내버려 둬 왔다는 것을 몇 번이라도 줄줄 말할 수 있을 것이며, 그리고는 '나는 무가치하다' 그리고 '나는 바닥깔개다'라는 주제 속에서 이 모든 것을 재빨리 연결시킬 것이다.

이를 듣고, 치료자는 먼저 이 이야기가 저메인의 삶에 미치는 영향, 즉 이것이 그녀가 자기를 바라보는 관점에 미치는 영향, 그녀와 타인과의 관계에 미치는 영향, 그녀의 미래 꿈에 미치는 영향 등을 알아볼 것이다. 저메인 역시 이 이야기의 역사를 좀 더 구체적으로 추적할 수 있을 것이다…. 그리고는 자기가 언제나 '바닥깔개'처럼만 느끼는 것만은 아니란 것을 발견할 수 있을 것이다. 또한 '바닥깔개'란 단어는 그녀의 전 남편(저메인을 심하게 무시했던)이 그녀에게 사용하기 전까지 사실상 그녀에게 생소했던 단어란 것 역시 발견할 수 있을 것이다. 문제 이야기를 이렇게 시간의 흐름 속에서 살펴보고 그 위치를 불평등한 젠더 관계의 역사 안에 놓는다는 것은, 저메인이 스스로를 '바닥깔개'라고 하는 것이 불공정하다는 것을 볼 수 있도록 도울 수 있을 것이다. 그러나 정체성에 대한 대안적 스토리라인 없이는, 저메인은 자기에 대한 부정적 생각에 대해 몹시 취약한 상태로 계속 남아 있을 것이다.

그러므로 치료자는 내담자의 문제적 스토리라인에 어긋나는 순간, 행동, 생각, 스토리 등을 언제나 주의해서 찾아야 한다. 저메인의 사례에서 치료자는, 저메인이 '바닥깔개'라는 설명에 모순되는 것을 찾고자 했다. 지배적인 플롯의 예외적 상황, 즉 이야기치료에서 독특한 성과라고 알려진 것은 저메인이 최근 자기 전화번호를 바꾸기로 결정했다는 것을 말했을 때 나타났다. 저메인은 삶을 새로이 시작하기로 결정했다고 말했다. 저메인은 일부 사람들(전남편을 포함하여)이 자기에게 전화걸 수 있기를 더 이상 원치 않았다. 그래서 저메인은 자기를 지원하는 친구나 가족들에게만 자기의 새 전화번호를 줄 예정이었다. 저메인의 몇몇 친구들은 이것이 너무 지나친 것이 아닌가 생각했지만, 저메인은 이에 대해서 마음이 흔들리지 않았고, 그렇게 행했다.

이와 같은 사건은 저메인의 정체성에 대한 대안적 스토리를 함께 만드는 데에 단초가 될 수 있었다. 그런데 초기 단계에서 이것은 오직 하나의 사건일 뿐이었다. 심지어 처음에는 저메인이 특별히 중요한 사건이라고 생각하지 않았던 것이었을 수도 있다. 저메인이 이 사건에 중요성을 부여하고 이 사건이 주제(문제 이야기와는 다른 주제)에 따라서 시간의 흐름 속에서 연속적으로 다른 사건들과 연결될 수 있는지를 알아볼 수 있기 위해서는, 이야기 다시쓰기 대화가 필요하다. 오직 이러한 연결만이 대안적 스토리라인을 발전하게 할 수 있다. 이것이 바로 이야기 다시쓰기 대화의 역할이다.

2 어떻게 이야기 다시쓰기 대화를 시작하는가?

이야기 다시쓰기 대화를 시작하는 데에는 여러 가지 방법이 있다. 그러나 그 공통되는 핵심 원칙은 치료자가 질문하는 입장에 서며, 지배이야기에 모순되는 사건에 주의를 기울이고자 한다는 것이다. 만약 세심하게 주의해서 본다면, 이러한 모순되는 사건들은 분명히 언제나 존재한다. 비록 작을지라도 말이다. 문제 이야기에 불일치하고 모순되는 행동이나 의도는 최소한 어렴풋이라도 언제나 존재한다. 우리는 이를 '독특한 성과'라고 부른다. 왜냐하면 이는 문제 이야기 영역의 바깥에 있으며, 문제 이야기와는 달리 독특하기 때문이다(또한 독특한 성과는 때로 '반짝거리는 순간'이라고 불리기도 한다). 이러한 사건들을 눈에 불을 켜고서 찾고자 하는 것, 그것이 우리들 치료자의 역할이라고 본다.

예를 들어 불안한 느낌을 겪고 있는 메리는 '그 불안'이 통상적으로 메리에게 명령하는 것에 모순되는 어떤 행동을 했을지도 모른다. 치료자는 메리와의 대화에서 그 모순되는 것을 찾으려고 한다. 치료자의 역할은 이 모순되는 것을 지적하는 것이 아니다. 그 대신 이 모순되는 것을 대안적 이야기의 발달로 들어가는 입구로서 활용하는 것이다.

예를 들어서, 치료자는 다음과 같이 물어볼 수 있다.

메리, 당신이 집을 나온 것이 당신에게 얼마나 힘든 일인지, 지금까지 당신이 당면한 어려움을 들었어요. 지난 만남에서 우리는 당신이 '그 불안'의 존재를 가장 강하게 느낀 때, 그리고 '그 불안'이 어떻게 작동하는지를 자세하게 알아봤어요. 그런데 오늘 당신은 말했죠. 오늘 아침에 아들을 어린이집에 걸어서 데려다줄 수 있었다고요. 이에 대해서 당신에게 좀 질문해도 될까요? 이렇게 할 수 있었던 것이 오늘이 처음이었나요? 이렇게 하는 것이 흔한 일인가요? 혹은 이렇게 한 것이 여태까지와는 아주 다른 일일 수 있다고 생각하시는지요?

만약 메리가 아들을 어린이집에 걸어서 데려다 준 것은 새로운 발전, 혹은 최소한 흔한 일은 아니라고 말한다면, 치료자는 계속해서 다음과 같은 후속 질문을 할 수 있다.

이런 일을 가능하게 한 것은 뭐라고 생각하세요? 이렇게 하도록 이끈 준비단계를 행하셨나요? 이렇게 하기 전에 준비하신 것이 있었나요? 이렇게 하는 것이 좀 더 쉬웠던 때에, 당신은 무슨 생각을 했나요? 이를 준비하도록, 이 단계를 밟도록 당신을 격려한 것은 무엇이었다고 생각하시나요? 이 단계를 밟도록 당신을 이끈 것, 즉 당신이 바란 것, 추구한 것은 무엇이었다고 생각하시나요? 그 불안의 영향에도 불구하고 오늘 아침 당신은 그 불안의 초대에서 벗어날 수 있었다는 것, 이는 당신에 대해 뭐라고 말할 것 같으세요?

이러한 종류의 질문들은 치료자로 하여금 그 사건(독특한 성과), 그리고 메리가 그 사건에 대해 어떻게 이해하고 있는지에 관해서 좀 더 알 수 있도록 해 준다. 동시에 이런 질문들은 메리로 하여금 그 독특한 사건(아들을 유치원에 데려다 준 것)에 의미와 중요성을 불어넣을 수 있게 해 준다. 이러한 효과는 치료자가 일으키는 것이 아니라 질문의 과정을 통해서 일어나는 것이다. 만약 이와 같은 사건이 중요한 것이라고 여겨질 수 있다면, 이에 대한 그 사람의 호기심을 불러일으켜서 키울 수 있다. 그러고 나면 그동안 간과하고 지나쳤던 사건들에 대해 매혹을 느낄 질문을 하는 것이 가능해진다.

일단 이와 같은 사건이 풍성하게 묘사되고 나면, 치료자는 이를 다른 사건들로 연결하고자 할 것이다. 왜냐하면 하나의 예외적 사건이 아무리 의미 있다고 하더라도, 또한 하나의 예외적 사건이 지배적인 문제 스토리라인에 아무리 강하게 모순된다고 하더라도, 하나의 예외적 사건 그 자체는 언제나 취약할 것이기 때문이다. 그러므로 독특한 성과를 다른 사건들에 연결시키는 것, 그리고 이러한 여러 사건들을 대안적 스토리라인에 연결시키는 것은 대단히 중요하다.

따라서, 치료자는 그다음으로 다음과 같은 질문을 할 것이다.

당신은 전에 이와 같은 것을 한 적이 있었나요? 당신은 전에 이와 비슷한 준비, 혹은 이와 비슷한 단계를 취한 적이 있었나요? 아들에 대한 당신의 사랑과 돌봄이 그 불안으로부터 당신이 벗어날 수 있도록 했던 때가 전에도 있었나요? 당신이 이와 비슷한 강한 의지, 혹은 결단력을 보여 준 때가 최근에 혹은 예전에도 있었나요?

만약 이와 비슷한 다른 사건이 하나라도 메리의 삶의 역사에 놓일 수 있다면, 이러한 사건들은 시간의 흐름 속에서 주제에 따라 연속적으로 함께 연결될 수 있다. 그리고 이는 대안적 스토리라인의 바로 시작이 될 수 있다. 이러한 상황에서 메리는 도움이 필요한 친구를 방문할 수 있었던 때를 기억할 수 있다. 그 당시 메리가 '그 불안'의 영향을 제한할 수 있었던 방법은 느리게 심호흡하기와 자기 자신에게 조용히 말해 주기였다. 이렇게 함으로써, 메리는 친구를 방문할 수 있었다. 이 친구방문이란 일은 메리가 아들을 유치원에 데려다 준 일과 어떤 면에서 비슷하다고 할 수 있다. 왜냐하면 이러한 일들은 메리가 중요한 일을 못 하도록 '그 불안'이 방해하는 것을 허용하지 않았던 예들이기 때문이다. 만약 치료자가 메리에게, 지금 새로이 형성되고 있는 듯해 보이는 이 대안적 이야기에 이름을 붙여보라고 한다면, 메리는 이에 대해 '나의 인간관계와 나의 삶을 되찾기'라고 이름 붙일 수 있을 것이다. 이야기 다시쓰기의 다음 과정은 이 선호하는 대안적 이야기를 '풍성하게 하기'가 될 것이다.

3 이야기 다시쓰기 대화 '지도'란 무엇인가?

이야기 다시쓰기 대화의 가이드로서, 마이클 화이트는 이야기 다시쓰기 '지도'라고 하는 것을 개발하였다(White, 2003a). 어떤 이야기 다시쓰기 대화도 서로 같을 수는 없다. 그러나 이야기 다시쓰기 대화의 지도를 통해서 우리가 대화에서 어떤 방향을 취하고 왜 그 방향을 취하는지를 보다 쉽게 이해할 수 있다. 일단 독특한 성과가 발견되면, 선호하는 정체성의 이야기를 함께 재저작할 기회를 만들 수 있는 길이 많이 있다.

이야기 다시쓰기 대화지도는 우리 치료자가 하는 질문을 두 범주로 나눈다. 한 범주는 '행동영역'에 관한 질문들을 포함하고, 다른 범주는 선호하는 이야기의 '정체성영역'에 관한 질문들을 포함한다. 질문들의 이러한 두 범주는 제롬 브루너의 설명, 즉 모든 이야기는 '행동영역'과 '의식영역'으로 이루어진다는 설명에 기반을 둔 것이다(Bruner, 1986; Epston & White, 1990; White, 1995a를 보시오).

행동영역 질문은 사건과 행동에 관해 물어본다. 일단 독특한 성과가 분명해지면, 다음의 행동영역 질문들을 할 수 있다.

○ 그 일에 대해서 좀 더 설명해 주시겠어요?
○ 당신은 어디에 있었나요?
○ 옆에 누가 있었나요?
○ 당신이 그 일을 하도록 스스로를 준비시키기 위해서 당신은 어떤 단계를 밟았나요?
○ 당신이 그 일을 할 수 있도록 당신을 이끈 전환점은 무엇이었다고 생각하시나요?
○ 이 일은 예외적인 일이었나요? 아니면 전에도 이와 비슷한 일을 했던 적이 있었나요?
○ 당신이 이런 일을 해 냈던 때가 전에도 있었나요?
○ 그 때 어떻게 이런 일을 해 내셨나요?

앞에서 말한 대로, 이야기 다시쓰기 대화는 이러한 사건들을 어떤 주제나 플롯에 따라서 대안적 스토리라인으로 연결시키는 것을 돕는다.

한편 정체성영역의 질문들은 행동영역과는 다른 영역을 탐구한다. 이 질문들은 사람들이 자기 정체성을 어떻게 이해하는가에 대해서 대안적 스토리라인이 내포하는 의미와 관련된다. 정체성영역의 질문들은 사람들이 자기의 정체성, 그리고 다른 사람들의 정체성을 다르게 볼 수 있도록 초대한다. 예를 들면 다음과 같은 질문을 할 수 있다.

○ 당신은 그 문제의 영향을 벗어날 수 있었던 때에 대해 설명하셨지요. 또한 당신이 그 문제보다 어떻게 한 수 위였는지에 대해서도 설명하셨지요. 이러한 일들은 당신이 어떤 사람이라는 것을 말해 준다고 생각하시나요? (한 인간으로서 당신에 대하여 무엇을 말해 준다고 생각하시나요?)

○ 당신이 전화번호를 바꾸기로 한 생각을 확고히 붙들었을 때, 당신은 무엇을 원했나요? 이러한 행동은 삶에 대한 당신의 희망에 관해 무엇을 말해 주나요?

○ 아들을 어린이집에 데려다 주었을 때, 이것은 당신이 불안한 느낌으로부터 어떻게든 빠져나와야 한다는 것을 의미했다고 하셨지요. 이에 대해 다시 한번 생각해 보기로 하지요. 아들을 유치원에 데려다 주는 것이 당신에게 왜 중요했나요? 아이를 기르는 것과 관련해서 당신이 소중하게 여기는 것에 대해서 이런 행동은 무엇을 말해 주나요? 왜 이것이 당신에게 중요한가요? 당신이 이를 소중히 여긴다는 것은 당신에 대하여 무엇을 말해 줄까요?

○ 만약 아들이 좀 더 나이를 먹었다면, 아들은 이것이 한 인간으로서의 당신에 대하여 무엇을 보여 준다고 말할까요?

이야기 다시쓰기 대화는 '행동영역 질문들'과 '정체성영역 질문들' 사이를 차례로 왔다갔다 한다. 예를 들어보자. 트레이시는 22세로서, 알렉스라는 아들(4세)과 멜리사라는 딸(2세)이 있다. 트레이시는 아이들의 아버지와 일 년 전부터 별거하고 있으며, 별거가 자기가 했던 일들 중 제일 잘한 일이라고 말한다. 왜냐하면 '아이들 아버지는 점점 더 공격적이 되었고, 아이들이 아버지를 무서워하기 시작했기 때문'이다. 그러나 최근 트레이시는 마치도 삶에서 아무것도 바라고 원하는 것이 없는 듯한 우울함을 심하게 느껴 왔다. 트레이시는 장 보러 나갈 때 걱정을 시작하며, 외출하지 않고 집에만 있고, 자기는 아이들에게 좋은 엄마가 아니라고 생각하고 있다.

트레이시는 전에는 친구들과 외출해서 시간을 보내곤 했다. 그러나 최근에는 자기가 외출했을 때 아이들을 마음 편히 믿고 맡길 만한 사람을 구할 수 없었다. 트레이시의 어머니는 아이들이 태어난 이래로 아이들을 돌보는 데에 많은 도움을 줬지만, 지금은 멀리 있는 친척 집에 가 있다.

이 주일 전 알렉스의 생일에 트레이시는 알렉스의 유치원 친구 여섯 명을 위한 파티를 열었다. 비록 파티 전에 걱정을 하긴 했지만, 트레이시는 비교적 잘 해 냈고 모든 사람이 좋은 시간을 보냈다.

그러나 이 생일파티 말고는, 다른 일은 별로 일어나지 않았다. 트레이시에 의하면, 아이들이 깨어 있을 때는 나쁜 기분이 아니다. 그러나 밤에는 자기 자신에 대해서 나쁜 기분을 피할 수가 없으며, 자기의 우울과 근심이 아이들에게 어떤 영향을 미칠지에 대해서 걱정한다. 트레이시는 사실 상담하러 오고 싶지 않았다고 말했다. 왜냐하면 자기가 나쁜 엄마라고 판단될 것이고, 아이들의 양육권을 빼앗길 수도 있다고 생각했기 때문이다.

이 첫 대화 안에는 트레이시가 자기의 문제라고 말하는 일련의 주제들이 있다. 즉 '우울', '걱정', '충분히 좋은 엄마가 아니란 것' 등이다. 대화가 진행되면서, 이런 주제들 중 하나 이상이 '그 우울', '그 걱정', '충분히 좋은 엄마가 아니란 목소리'로서 외재화될 수 있다. 이러한 지배적인 플롯들의 영향이 세심하게 탐구되고 인정되며, 이들의 역사가 상세하게 탐색된다. 이 대화에서 이 문제들이 트레이시의 삶에 끼친 영향뿐만 아니라, 아이들의 삶에 끼친 영향도 함께 추적된다.

그러고 나면, 수많은 독특한 성과, 혹은 문제 이야기와 모순되는, 트레이시가 이미 언급했던 사건들로 되돌아갈 기회가 있을 것이다. 이러한 독특한 성과들 중 하나는, 그 우울이나 걱정이 트레이시가 아들의 생일파티를 잘하는 것을 막을 수 있었음에도 불구하고, 트레이시가 생일파티를 그런대로 잘해 냈을 때였다. 또 다른 독특한 성과는, 판단당하거나 비난당할 두려움이 트레이시가 상담하러 가는 것을 막을 수 있었음에도 불구하고, 트레이시가 상담하러 왔다는 것이다. 그 밖에도 선호하는 이야기를 향한 입구들이 있다. 이러한 입구들은 트레이시가 이미 한 말들에 내포되어 있고, 이는 이야기 다시쓰기 대화를 시작하기 위한 또 다른 틈새가 될 수 있다. 예를 들어서 자기가 나쁜 엄마라는 트레이시의 문제 이야기와 일치하지 않는 트레이시의 일련의 발언들은 다음과 같다.

i) 아이들을 마음 편히 믿고 맡길 만한 사람이 없다는 트레이시의 발언
ii) 자기 우울과 불안이 아이들에게 끼칠 영향에 대한 트레이시의 걱정, 그리하여 결과적으로 상담하러 온 것

iii) 아이들의 아버지가 아이들이 두려워하는 행동을 시작했기 때문에 그를 떠난 트레이시의 결정

걱정에 대한 트레이시의 이 모든 발언과 행동 안에, 아이들에 대한 트레이시의 헌신이 내포되어 있다. 그런데 이러한 헌신은 트레이시가 자기 자신을 '엄마로서 실패자'이며 '충분히 좋은 엄마가 아니라고' 묘사하는 이야기에는 존재하지 않는 것이다. 이러한 독특한 성과들에 주목할 때, 이야기 다시쓰기 대화가 시작될 수 있다.

이는 우선 다음과 같은 몇 가지 행동영역 질문들로 시작될 수 있다.

트레이시, 알렉스의 생일파티에 대해서 우리 좀 더 이야기해 볼까요? 이 때는 당신이 '그 걱정'을 붙들어 맸던 때라고 하셨죠. 어떻게 그렇게 할 수 있었는지 좀 더 말해 주실 수 있나요? 어떤 준비단계를 밟으셨지요? 이러한 단계들에 어떤 이름을 붙이시겠어요? 그 때에 당신 자신에게 뭐라고 말하신 것이 있는지요? 전과 다른 차이를 만들어 낸 것이 뭐라고 생각하시나요?

이러한 행동영역 질문들의 핵심목표들 중의 하나는 트레이시가 이러한 독특한 성과들에 중요성을 불어넣을 수 있도록 하는 것이다. 또 다른 핵심목표는 트레이시가 이러한 독특한 성과들의 기반에 관해서, 예를 들면 이 독특한 성과가 가능하도록 트레이시가 사용한 기술 등에 관해서, 좀 더 생각할 수 있도록 하는 것이다.

트레이시는 파티를 준비하는 데에 많은 생각을 쏟아부었다고 답했다.

또한 트레이시는 며칠 전부터 생일파티를 준비했다고 답했다. 또한 이 파티가 알렉스에게 얼마나 중요한지를 알고 있었다고 답했고, 알렉스를 위해 꼭 생일파티를 하리라고 단단히 결심했다고 답했다.

이는 정체성영역 질문을 하기 위한 기회가 될 수 있다. 삶의 사건들은 자기가 어떤 사람인지에 대해 뭐라고 말할까? 정체성 영역 질문들은 사람들이 이에 답하기 위하여 사건들에 대해 생각해 보도록 초대한다. 이를 위한 질문의 예는 다음과 같다.

트레이시, 그래서 말인데요 제가 좀 알고 싶은 게 있어요…. 당신은 '그 걱정'이 파티 진행을 방해하려고 할 거라는 것을 알았고, 그래서 평소보다 준비를 일찍 시작했고, 전보다 준비를 더 세밀하게 했다고 하셨지요. 그리고 우리가 전에 이야기했던 그 걱정이 때로는 당신을 심하게 덮치기도 했지만, 걱정의 그런 영향에도 불구하고, 당신은 파티를 잘 진행시켰어요. 왜냐하면 이 파티가 알렉스에게 얼마나 중요한지를 알았기 때문이지요…. 이것은 알렉스에 대한 당신의 사랑, 알렉스를 위해서 당신이 바라는 것에 대해서 뭐라고 말할 거라고 생각하세요? 이것은 어머니로서 당신이 바라는 것에 대해서 뭐라고 말할 거라고 생각하세요?

그러자 트레이시는 알렉스에 대한 많은 희망, 또한 멜리사에 대한 많은 희망에 대하여 설명하였다. 예를 들면 안전하고 사랑이 가득한 가정, 친구들과 우정을 쌓고 즐거움을 가질 기회 등이 아이들을 위한 트레이시의 희망에 들어 있었다. 이러한 희망의 역사에 대하여 질문하자, 트레이시의 대답은 다음과 같았다. 트레이시는 어린 시절 많은 사랑을 받지 못했다는 것, 그리고 트레이시가 처음 알렉스를 임신했던 순간부터 단호히 결심했던 것은 자기는 아이들에게 자기와는 다르게 하고 싶다는 것이었다. 그다음의 후속 질문들은 다음과 같았다. 트레이시가 정말로 신뢰하는 사람이 아니라면 어느 누구에게도 아이들을 맡기지 않는 것, 그리고 지금 자기의 우울이 아이들에게 미치는 영향에 대해 걱정하기 때문에 상담하러 온 것, 이런 것들이 위에서 말한 아이들에게 다르게 하고 싶다는 결심과 연결되느냐 하는 질문이었다. 그러자 트레이시는 그렇다고 답했다. 즉 이 모든 것들은 연결되어 있으며, 아이들에 대한 엄마로서의 사랑과 돌봄과 관련 있다고 말했다.

이는 트레이시의 정체성에 대한 새로운 결론, 즉 트레이시는 때로 자기를 방해하는 장애물에도 불구하고 아이들을 사랑하고 돌보는 사람이라는 새로운 결론의 발달의 시작이다. 아이들에 대한 이러한 사랑과 아이들의 삶에 대한 희망에 대해 뭐라고 이름 붙일지 물어보자, 트레이시는 '보다 나은 삶을 향한 희망'이라고 이름 붙였다.

이 새로운 정체성이 발전됨에 따라서, 이는 다시 행동영역으로 되돌아가는 시간이 된다.

○ 당신이 '보다 나은 삶을 향한 희망'에 따라서 행동했던 다른 때에 대해서 말씀해 주실 수 있으세요?
○ '보다 나은 삶을 향한 희망'이 당신에게 중요하다는 것을 나타내는 행동을 과거에 당신이 했다면, 내가 당신의 어떤 행동을 보았을까요?

○ 만약 당신의 어머니가 여기에 계시다면, 미래에 대한 희망을 붙잡는 사람으로서의 모습과 일치하는 행동을 당신이 했다고 어머니가 기억하시는, 그러한 행동이 있을까요?

또한 이러한 행동영역 질문들은 선호하는 스토리라인을 미래로 이어 줄 수 있다.

○ *최근에 당신은 아이들을 위해서 사랑과 돌봄의 행동들을 보여 주었어요. 예를 들면 남편을 떠난 것, 그 걱정의 영향에도 불구하고 아들의 생일파티를 잘 치른 것, 당신이 완전히 신뢰하지 않는 어른에게는 아이들을 맡기지 않는 것, 아이들에 대한 염려 때문에 상담받으러 온 것 등이지요. 당신의 이런 행동들을 통해서 볼 때, 미래에 당신이 취할 수 있는 다른 단계에는 어떤 것이 있다고 생각하세요?*
○ *중요한 것에 대한 이러한 믿음에 따르는 삶을 얼마나 오래 살 것 같으세요?*

이러한 질문들에 대한 답을 들은 다음에, 새로운 정체성 결정에 보다 더 기여하기 위하여 추가적인 정체성영역 질문들을 물어볼 수 있을 것이다.

트레이시, 아이들에 대한 당신의 사랑과 돌봄을 보여 주는 이야기들, 그리고 미래는 다를 수 있다는 희망을 당신이 붙드는 것을 보여 주는 여러 이야기들을 제게 해 주셨네요. 당신에게 중요한 이러한 것들 말인데요, 당신이 어떻게 이러한 것들을 믿게 되었는지 나에게 좀 더 말해 줄 수

있나요? 아이들에 대한 사랑, 매우 어려운 상황에서도 희망을 붙드는 것
에 관해서 당신에게 가르쳐 준 사람들이 당신 삶에서 있었나요? 만약 그
렇다면, 그 사람들이 당신에 대해서, 그리고 지금 당신 행동에 대해서 뭐
라고 말하리라고 생각하시나요?

4 어떻게 사람들의 정체성에 대해서 차이를 만들어 내는 방식으로 질문하는가?

정체성의 영역에 대해서 생각해볼 때, 이 작업의 근거가 되는 '정체성에 대한 이해'에 대해 다시 생각해 보는 것이 적절할 것이다. 이야기치료는 '정체성의 지향(intentional) 상태'라는 개념에 관심을 가지는데, 이는 '정체성의 내적(internal) 상태'라는 개념과 대비되는 것이다(White, 2001b). 다른 말로 하면, 우리는 어떤 내적인 결함이나 결핍, 혹은 어떤 내적인 '자원', '강점', '자질'보다는, 사람들의 행동을 형성하는 의도, 희망, 가치, 헌신을 탐구하는 데에 관심을 가진다.

만약 정체성을 우리 안에 있는 어떤 것으로 본다면, 이는 이야기 다시 쓰기 대화의 가능성을 제한하게 된다. 만약 당신이 어떤 사람의 행동이 '강점', '열정', '단호함' 같은 내적인 자질에서 기인하는 것으로 본다면, 그 다음 대화에서 어디로 가야할지 알기가 어려울 수 있다. 일반적으로 내적인 '강점', '자원', '자질'은 우리 삶에서 긍정적 요소로서 알려져 있기 때문에 우리는 이에 관한 대화를 배제하지는 않는다. 그러나 우리는 이러한 내적인 자질의 내력을 추적하고자 한다. 즉 이러한 내적 자질들이 어떻게 그 사람에게 의미를 가지게 되었는지를 탐구하고, 이들을 스토리라인에 놓으며, 이들을 그 사람의 가치, 희망, 헌신 등에 연결시킨다.

우리는 사람들이 '지향상태'의 면에서 자기의 정체성에 대해서 말하도록 초대하는 데에 언제나 관심을 가진다. 왜냐하면 이를 통해 이야기를 더 풍성하게 만들 수 있기 때문이다. 만약 우리가 사람들의 행동을 이끄는 가치, 희망, 꿈을 찾아낸다면, 이러한 것들의 역사를 추적하고, 이를 다른 사람들의 희망과 꿈에 연결시키며, 이러한 것들로부터 어떤 미래 행동이 흘러나올지 전망할 방법들이 있다. 정체성의 지향상태에는 다음과 같은 것들이 있다.

- 의도나 목적
- 가치/ 믿음
- 희망과 꿈
- 삶의 원칙
- 헌신

우리가 어떻게 헌신, 목적, 믿음, 가치, 꿈과 관련을 맺는가 하는 것은 우리의 행동, 그리고 우리가 삶을 사는 방식을 형성한다. 사람들을 이러한 지향상태에 대해 생각해 보도록 초대하고, 이러한 지향상태를 (독특한 성과로 형성된) 대안적 스토리라인으로 연결시킴으로써, 이야기 다시쓰기를 위한 풍성한 토대가 만들어진다.

마이클 화이트(Michael White)는 이 지향상태의 '위계구조'를 설명하였다. 만약 우리가 다음에 제시되는 단계에 따라 질문한다면, 사람들이 지향상태에 대한 질문들에 대해 답하기가 더 쉬울 것이다.

■ 어떤 특정행동을 형성했던 *의도나 목적*에 관해서 질문하는 것으로 시작한다.

■ 그리고 나서, 이를 지지하는 *가치나 믿음*에 관해서 질문한다.

■ 그리고 나서, 이러한 가치와 연관되는 *희망과 꿈*에 관해서 질문한다.

■ 그리고 나서 이러한 희망과 꿈이 나타내는 *삶의 원칙*에 대해 질문한다.

■ 마지막으로 *헌신*, 혹은 사람들이 삶에서 옹호(stand for)하는 것이 무엇인지를 질문한다.

이를 살펴보면, 각 단계는 그 아래 단계를 포용하면서 그 아래 단계를 기반으로 확장된 것이다. 어떤 특정한 행동을 하게 한 의도, 삶의 원칙을 명확히 하는 것, 삶에서 정말로 옹호하는 것 사이에는 중요한 차이가 있다. 이 위계구조에서 위로(헌신 쪽으로) 갈수록, 대안적 이야기는 더 풍성해진다. 만약 어떤 사람이 삶의 원칙, 그리고 삶에서 옹호하는 것이 무엇인지를 분명하게 할 수 있다면, 자기가 이러한 헌신에 일치하도록 행동하기 위하여 미래에 어떤 행동을 취할 것인지를 보다 잘 알 수 있을 것이다.

이야기 다시쓰기 대화는 또한 우리 치료자들에게도 적합하다. 다음 사례에서 쥬킨은 최근 치료자로서의 자기 능력에 대한 자신감 부족에 시달렸다. 수퍼비전 시간의 대화에서 처음에는 이 문제의 영향을 추적하였고, 이러한 대화는 쥬킨이 이 업무를 계속할지 여부에 대한 질문도 포함했다. 또한 쥬킨에게 언제 문제가 가장 심각하게 드러났는지를 살펴보았다.

그러한 대화 결과, 쥬킨의 상담능력에 대한 자신감 상실이 촉발된 것은 일련의 제도적인 관행들(그 기관에서 한 나절에 일정 숫자의 사람들을 만나야 한다는 요구, 그리고 정신보건센터 팀회의에서 내담자들에 대해 토의하는 방식 등) 때문인 것으로 보였다. 또한 쥬킨이 직업을 바꿀 것을 고려하는 이유는, 자기에게 도움을 요청하는 사람들을 충분히 돕고 있는지 의문이 들었기 때문이라는 것이 밝혀졌다.

그런데 이 수퍼비전 만남에서, 이런 문제 이야기에 모순되는 많은 사실들이 밝혀졌다. 쥬킨이 자기 업무에 대해서 자신 있는 한 가지는 그가 사람들과 대화하는 데에 쏟는 시간, 그리고 마음 씀씀이였다. 쥬킨은 내담자들을 필요 이상으로 도왔던 여러 가지 일들에 대해서 최근의 예, 그리고 좀 더 이전의 예 등 여러 일들을 말할 수 있었다. 또한 쥬킨은 이전 내담자들로부터 조용하면서도 균형 잡힌 태도에 감사하다는 피드백을 여러 번 받았다는 사실을 생각해 낼 수 있었다.

기관의 몇몇 제도적인 관행들로 인하여 쥬킨은 아마도 자기가 기술이 부족해서 '일이 느리다'고 생각했었다. 그러나 이 대화를 통하여 자기가 느린 것에 대하여 대안적 이해가 생겨나기 시작했다. 즉 자기가 일하는 데에 시간이 많이 걸리는 이유는 아마도 치료자라는 것에 대해 자기가 갖고 있는 생각과 믿음 때문이라는 이해가 생긴 것이다. 쥬킨은 치료자로서의 자기 정체성에 대해서 대안적 이야기를 알게 되었다. 즉 자기는 '좋은 청취자'라는 것이다.

다음 질문들은 이런 대안 이야기를 풍성하게 하기 위한 것이다. 이 대화는 쥬킨이 자기 업무에서 옹호하는 것을 보다 더 명확히 하는 방식으로 진행되었다. 왜냐하면 이러한 대화가 쥬킨으로 하여금 자기 업무와 직업에 대해 보다 분명한 결정을 내릴 수 있도록 도울 것이라고 생각되었기 때문이다. 위에서 살펴본 지향상태의 위계구조에 대한 생각이 이 질문들을 이끌어 갔다.

> 수퍼바이저: 당신이 '좋은 청취자라는 것'에 대해 생각할 때, 이 자질을 업무에서 어떻게 쓰고 싶으신가요? 이 자질을 가지고 하고 싶은 일은 무엇인가요? (이는 쥬킨이 가지고 있는 *의도* 혹은 목적을 설명할 것이다)
>
> 쥬킨: 글쎄요, 나의 대화 상대가 내가 자기 말을 잘 듣고 있다고 확신하도록 하는 데에, 내가 '좋은 청취자라는 것'을 사용하고 싶네요.
>
> 수퍼바이저: 사람들(역주: 내담자들)이 당신이 자기 말을 잘 듣고 있다고 느끼는 것이 왜 당신에게 중요한가요? 당신이 사람들의 말을 잘 듣는다는 것에서, 무엇에 가치를 두나요? (이는 *가치*를 설명할 것이다)
>
> 쥬킨: 나에게 그게 중요하다고 생각해요. 왜냐하면 사람들이 내가 자기를 믿는다는 것을 알기를 바라기 때문이에요. 사람들의 말을 잘 듣는 것이 그들을 존중하는 것이라고 생각해요.
>
> 수퍼바이저: 당신이 사람들을 믿고 존중하고 싶어 한다는 것을 사람들이 안다는 것과 관련해서, 당신이 업무에서 가지는 희망이나 꿈은 무엇인가요? *(희망과 꿈)*
>
> 쥬킨: 만약 사람들이 내가 자기를 믿고 존중하는 행동을 한다고 느낀다면, 사람들이 자기 자신을 좀 더 믿기 시작하리라고 저는 희망해요.
>
> 수퍼바이저: 사람들이 자기를 좀 더 믿기 시작하기를 바라는 당신의 희망에 대해서 생각해 볼 때, 이는 당신에게 중요한, 이 세상에서의 존재방식에 관해서 무엇을 보여 주나요? (이는 쥬킨이 가지고 있는 *삶의 원칙*을 설명할 것이다)

쥬킨: 글쎄요, 저는 모든 사람은 자기 자신을 믿을 필요가 있다고 언제나 생각했던 것 같아요.

수퍼바이저: 모든 사람은 자기 자신을 믿을 필요가 있다는 것과 관련해서 당신의 업무에서 당신이 옹호하는 것은 무엇이라고 생각하세요? (이는 *헌신*을 설명할 것이다)

쥬킨: 나는 사람들이 존중받고 신뢰받을 기회를 갖는 것, 모든 사람은 이에 대한 권리가 있다는 것을 옹호하고 있어요.

그가 직장생활에서 옹호하기를 원하는 것이 무엇인지를 분명히 하고 난 후, 쥬킨은 현재의 업무, 그리고 자기가 일하는 기관을 다시 보게 되었다. 계속된 대화를 통해서 쥬킨은 자기의 업무가 자기의 헌신('사람들은 존중받고 신뢰받을 기회를 가져야만 한다'는 믿음에 대한 헌신)에 강하게 연결되었던 때와 그렇지 않았던 때를 보다 분명히 구별하게 되었다. 이를 계기로 쥬킨과 직장 동료들은 내담자들의 필요에 좀 더 민감하고 유연한 호응으로 이끄는 작은 단계들을 시작할 수 있었다.

또한 쥬킨은 직원회의에서, 회의가 이루어지는 방식이 존중에의 헌신에 맞지 않다고 생각될 때마다 자기 의견을 소리 내서 말하기로 결심했다. 자기의 믿음에 대한 헌신을 명확히 할 수 있음에 따라서, 쥬킨은 자기가 원하는 것을 행하고자 결심하는 것이 더 쉬워졌다. 또한 이를 통해 '좋은 청취자'라는 생각이 훨씬 더 폭넓은 믿음에의 헌신과 '풍성하게' 연결되었다.

쥬킨의 '자신감 결여'에 대한 이야기는 인간 존중에 대한 헌신과 연결하여 '좋은 청취자'에 대한 이야기로 다시 쓰여졌다. 이는 쥬킨의 자기 업무에 대한 이해, 그리고 치료자로서 행동하는 방식에 중대한 차이를 가져왔다.

5 이야기 다시쓰기는 다른 이야기실천에 어떻게 부합하는가?

이야기 다시쓰기 대화는 다른 이야기실천, 예를 들면 외재화 대화(Epston & white, 1990; Morgan, 2000; Carey & Russell, 2002), 회원재구성 대화(White, 1997; Russel & Carey, 2002), 외부증인 실천과 정의예식(White, 1995, 1999), 문서와 편지 활용(Epston & White, 1990; Epston, 1994)과 매우 가깝게 연결되어 있다.

외재화 대화는 종종 첫 단계에 행한다(언제나 그런 것은 결코 아니지만). 왜냐하면 외재화 대화를 통해 문제에 대해 말하는 방식과 문제 이야기를 그 사람의 정체성으로부터 분리시킬 수 있기 때문이다. 예컨대 트레이시(앞의 사례를 보시오)가 나쁜 엄마라는 생각으로부터 분리될 수 있었던 것은 바로 '그 걱정'이 트레이시의 삶에 미친 영향에 대해 이야기하면서부터였다. 자기가 나쁜 엄마라는 생각 대신, 트레이시는 '그 걱정'이 자기의 삶과 아이들의 삶에 강한 영향을 미치고 있다는 것, 그리고 자기는 이에 대처하기 위해서 자기가 할 수 있는 모든 것을 하고 있다는 것을 알게 되었다. 외재화 대화는 문제에 이름붙이기(그 사람과 분리하여), 그 사람의 삶의 다양한 영역에 미치는 문제의 영향을 확실히 하기(mapping), 그 사람의 삶에서 문제의 내력을 추적하기 등을 포함한다. 이는 문제를 스토리라인에 놓일 수 있도록 한다. 이러한 과정은 문제가 그 사람에게 내재하는 것이 아니란 것을 분명히 해 준다. 그 대신 문제는 시간의 흐름에 걸쳐서 발달된 것, 그리고 이 발달은 여러 요인의 영향을 받았다는 것을 분명히 해 준다. 예컨대 문제란 종종 파워의 더 넓은 사회적 관계(계급, 문화, 젠더, 성적 정체성 등)의 영향을 받는다는 것을 깨닫는 데에 외재화 대화는 핵심 역할을 한다. 외재화된 문제를 스토리라인에 놓는다는 것은 매우 해방감을 줄 수 있다. 트레이시의 경우에 '그 걱정'이 삶에 영향을 미치기 시작했던 때는, 남편이 점점 더 공격적이 되어서 트레이시가 남편을 떠남에 따라 한 부모가 되었을 때부터였다. 이러한 스토리라인은 트레이시로 하여금 자기를 '신경증'이라고 보게 하는 대신에, 문제를 자기 외부에 놓을 수 있게 하고 문제를 구체적 역사와 넓은 맥락을 가진 것으로 보도록 하였다. 이러한 종류의 외재화 대화는 종종 이야기 다시쓰기 대화의 배경이 된다. 많은 경우 문제가 외재화되고 전체적으로 인정된 연후에만, 독특한 성과, 즉 사람들의 삶에서 지배적 플롯에 모순되는 것이 주목되고 중요해진다.

일단 지그재그로 왔다갔다 하는 질문들을 통해 선호하는 이야기의 행동영역과 정체성영역이 발전된 연후에, 이를 더 '풍성하게' 하기 위한 다른 대안을 취하는 것이 가능해진다. 이러한 과정에는 많은 형태가 가능하다. 예를 들면 회원재구성 대화, 문서와 편지, 외부증인 활용은 모두 이런 과정에서 매우 도움이 될 수 있다.

때로는 대안적 이야기에 이름을 붙이는 것만으로는 충분하지 않을 수 있다. 중요한 독특한 성과들을 연결함으로써 대안적 이야기가 만들어졌다고 할지라도, 대안적 이야기는 여전히 매우 취약하고 연약하다. 예컨대 메리의 사례에서 만약 '그 불안'의 재발생을 자극하는 사건이 발생한다면, 메리의 '나의 인간관계와 나의 삶을 되찾기'라는 선호하는 이야기는 쉽게 흔들릴 수 있다. 또한 트레이시의 사례에서 만약 다른 사람이 트레이시의 엄마 역할에 의문을 표한다면, '보다 나은 삶을 위한 희망'이라는 선호하는 이야기는 쉽게 실패감의 공격을 받을 수 있다. 또한 쥬킨의 사례에서 만약 '자신감 결여'가 직장에서 그를 꼼짝 못 할 곳으로 후퇴시킬 사건이 일어난다면, '좋은 청취자와 존중에 대한 헌신'이라는 선호하는 스토리는 위기에 처할 것이다.

회원재구성 대화(White, 1997; Russell & Carey, 2002)는 선호하는 이야기를 풍성하게 하는 방법들 중의 하나이다. 여기에는 치료자가 다음과 같은 질문을 하는 것이 포함된다.

○ 트레이시, 당신은 희망을 붙드는 것에 대한 헌신을 이야기하셨지요. 당신이 이런 식으로 말하는 것을 듣고 놀라지 않을 사람, 즉 당신이 그런 사람이라는 것을 이미 알고 있는 사람이 있나요?

○ 희망에 대한 당신의 헌신이 당신에게 무엇을 의미하는지를 알아보고 인정해 줄 사람이 있나요?

○ 지금과는 다른 생각, 미래에 대한 희망을 붙드는 생각을 당신에게 소개한 사람이 있었나요?

○ 만약 있었다면, 그들은 이런 생각을 왜 다른 사람이 아닌, 당신과 공유하고자 했다고 생각하세요?

○ 그들은 당신이 삶에서 이 헌신을 계속 유지할 수 있을 거라고 생각했을 것 같네요. 그들은 당신의 무엇을 보고 그렇게 생각했을까요?

○ 당신이 과거에 했던 일들 중 그들이 봤을지도 모르는 일, 그걸 보고 이 헌신이 당신에게 중요하다고 그들이 알게 되었던 일, 그런 일이

혹시 있었나요?

○ 이 헌신을 당신과 공유할 수 있다는 것이 그들에게는 어떤 의미일
거라고 생각하세요?

○ 당신이 지금 이런 행동, 즉 '그 걱정'의 영향에도 불구하고 아이들에
대한 사랑과 돌봄에 대한 헌신을 소중히 할 방법을 찾는 행동, 그리
고 아이들에게는 삶이 다를 것이라는 희망을 붙들 방법을 찾는 행동
을 취하는 것을 그들이 본다는 것은, 그들에게 어떤 의미일까요?

○ 만약 그들이 지금 여기에 우리와 함께 있다면, 그들이 뭐라고 말할
거라고 생각하세요?

○ 그들은 이를 어떻게 말할까요?

○ 당신이 그분의 존재를 늘 가까이 느낄 방법이 있을까요?

이러한 회원재구성 질문들은 대안적 이야기(이 경우에는 '희망 붙들
기')를 더욱 발전시키는 데에 기여할 수 있는 사람들에 대한 관점과 견해
를 불러일으킨다. 이러한 회원재구성 질문들은 정체성에 대해 새로이 공
동 저작된 이야기를 내담자의 삶의 역사에 연결시키고, 타인들의 삶의 이
야기에 연결시킨다. 이야기실천은 우리의 정체감은 사회적으로 구성되
고 타인과의 관계 속에서 존재한다는 믿음에 기반을 두고 있다.

선호하는 이야기를 풍성하게 묘사하는 과정 속에 다른 사람들을 포함
시키는 또 다른 방법은 치료대화에 외부증인을 활용하는 것이다. 외부증
인은 내담자의 친구 혹은 가족성원일 수도 있고, 다른 치료자일 수도 있
다. 선택된 친척, 친구, 지인, 동료는 이야기 다시쓰기 과정에서 매우 강
력한 역할을 할 수 있다.

예를 들어 쥬킨은 그가 '좋은 청취'가 소중하다는 것을 배운 것은 누나와의 관계를 통해서였다는 것을 알아냈을 수 있다. 만약 그렇다면 이는 쥬킨의 누나를 다음 회기에 초청할 기회가 될 것이다. 그러면 치료자는 먼저 쥬킨과 인터뷰를 하고, 쥬킨은 '좋은 청취'에 대한 자기의 헌신, 그리고 업무에서 자기가 이루려고 하는 것에 대해서 이야기할 수 있다. 그러고 나서 쥬킨의 누나는 남매 관계로부터 파생된 것이 쥬킨의 삶을 계속 중요하게 형성하고 있다는 것을 안다는 것이 자기에게 어떤 의미인지에 대해서 반영하도록 초청될 수 있다.

선호하는 이야기를 목격하고 인정할 수 있는 지지적 청중을 찾는다는 것은 이 작업의 필수적 요소이다. 만약 쥬킨의 누나가 올 수 없다면, 다른 치료자들을 팀으로 함께 모으는 것도 가능한 방법이다. 즉 그들이 외부 증인집단이 되어서 쥬킨의 헌신에 대해 듣는 것이 치료자로서 그들에게 어떤 의미인지, 그리고 쥬킨의 이야기가 그들의 실천업무에 어떤 감명을 주었는지에 대해서 반영할 수 있다.

문제란 존재는 종종 사람들을 타인으로부터 분리하고 고립시키는 데에 극도로 성공적이다. 그리고 이야기 다시쓰기 작업은 연결과 재연결의 공간을 만들어 내는 데에 매우 성공적이다. 이것이 의미하는 바는, 삶의 이야기를 다시 쓰는 작업에서 다른 사람들이 결정적으로 중요한 역할을 한다는 것이다.

때때로 치료적 문서와 편지는 내담자와 함께 공동으로 쓸 수 있으며, 다른 사람들, 예컨대 친구와 가족성원들과 공유될 수 있다. 이러한 문서와 편지는 내담자에게 어떤 변화가 일어났는지, 그리고 현재까지 어떤 변화 단계를 밟아 왔는지를 다른 사람들이 파악하도록 해 줄 수 있다. 동시에 이런 문서와 편지는 회기 사이에 치료 효과 유지에 도움이 될 수 있다. 이런 문서와 편지는 읽혀지고 또 읽혀질 수 있으며, 이는 이야기 다시쓰기 과정의 일부가 될 수 있다.

6 이야기 다시쓰기가 충분히 이루어졌는지를 우리는 언제 알 수 있는가?

문제 이야기의 영향이 더 이상 우세하지 않을 때, 그때가 대안적인/선호 되는 정체성의 이야기가 자리잡기 시작했다는 신호이다. 또한 선호하는 이야기로 연결된다고 보이는 새로운 행동을 내담자 스스로 취할 때 역시 그러한 신호이다. 그러나 심지어 이러한 새로운 행동이 충분하고 문제 이야기의 영향이 수그러질 때에라도, 문제 이야기는 늘 되돌아오려고 한 다. 우리는 이에 대해 준비할 필요가 있다. 만약 이러한 사태에 대해 준비 되고 계획을 세울 수 있다면, 이는 실패나 실망을 경험할 위험을 줄일 수 있을 것이다.

또한 이야기 다시쓰기는 오직 상담실에서만 일어나지 않는다는 것을 아는 것이 중요하다. 우리 모두는 우리 삶을 구성하는 이야기들을 끊임 없이 쓰고 또 쓴다. 이야기 다시쓰기는 대안적이고 선호하는 정체성의 이야기를 생성하기 위한 가능성을 만들려고 한다. 일단 새로운 이야기가 만들어지면(내담자, 외부증인들, 치료자 간에), 내담자는 이 새로운 선호 하는 이야기를 둘러싸고 삶의 사건들과 의미를 지속적으로 연결시킬 기 반을 갖게 될 것이다.

예를 들어 쥬킨이 치료자로서의 일을 계속하면서, 이제 그는 '존중에의 헌신', 그리고 '좋은 청취자'라는 것이 어떻게 자기 행동을 형성하는지를 더 적극적으로 알게 될 것이다. 그는 더욱 더 자기의 업무상황을 형성하는 기술을 연마하고, 더욱 더 다른 사람들과 함께 일하고자 할 것이다. 사람들이 상담실 밖에서도(역주: 일상생활에서도) 자신의 이야기 다시쓰기 실천을 계속 유지하도록 하는 일을 상담실 내에서 충분히 하는 것이 우리 치료자들의 역할이다. 그러한 일의 예로서 외부증인 실천, 문서화, 회원 재구성 실천 등이 있다.

우리 모두는 우리 삶에 대한 이야기를 끊임없이 쓰고 편집하고 있다. 이는 고립되어서 이루어지는 것이 아니라, 우리 주변의 타인들과, 그리고 우리가 살고 있는 문화적 맥락 내에서 끊임없는 절충 속에서 이루어진다. 상담과 자문은 이러한 맥락 내에서 이루어진다. 이는 초점이 명확하면서도 사려 깊은 이야기 다시쓰기 실천을 위한 기회이다. 이러한 이야기 다시쓰기는 사람들의 삶의 보다 넓은 맥락 안에서 끊임없이 다시 이루어질 수 있다.

그러므로 어떤 면에서 이야기 다시쓰기는 절대 중단되지 않는다. 이는 우리 모두의 삶에서 지속적으로 진행된다.

7 이야기 다시쓰기 대화에 참여할 때 우리가 알아야 할 딜레마가 있는가? 만약 있다면 이런 딜레마에 어떻게 대응할 수 있는가?

우리가 고려해야 할 딜레마가 없을 수 있겠는가? 우리는 여러 이야기실천가들에게, 이야기 다시쓰기 대화에서 가장 어려웠던 것이 무엇인지에 대해서 솔직하게 말해 달라고 요청했다. 다음은 다양한 딜레마에 대해 그들이 어떻게 대응하는가에 관한 것이다.

공동 저작이라는 것을 잊지 않기

나에게 가장 큰 딜레마들 중 하나는, 상담 온 사람에 관한 좋은 대안적 스토리가 무엇인지에 대하여 내 생각을 그 사람에게 부과하지 않는 것을 어떻게 보장하는가이다. 나는 치료자라는 지위에서 오는 나의 파워에 대해서 많이 염려한다. 나는 이 염려가 없어지지 않을 거라고 생각하고, 또한 없어져서도 안 된다고 생각한다. 나는 이에 관해 몇 가지 생각에 도달하게 되었다. 첫째로, 나는 이야기 다시쓰기 작업이 공동 작업이라는 것에 늘 주의를 기울인다. 치료자로서 나는 내가 묻는 질문, 그리고 내가 주의를 기울이는 사건들을 통해서 이 공동 저작 과정에 참여한다. 그러나 나는 이 대안적 이야기의 주 저자가 아니다. 질문을 통해서, 나는 내담자가 자기 삶의 경험을 해석하는 주 저자가 되도록 초대한다. 무엇이 중요한가, 무엇이 선호되는가에 대한 해석은 나에게 달린 것이 아니다. 둘째로, 내 마음속에 있을 수 있는 가정들에 대해 끊임없이 나 자신에게 질문하는 것에 늘 주의를 기울인다. 이 사람이 자기 삶에서 원하는 것이 무엇인지를 내가 가정하고 있는가? 이것이 그 사람에게 중요한 사건이라고 내가 가정하고 있는가? 이런 질문을 나 자신에게 끊임없이 하면서 나는 가정을 벗어나려고 한다.

문제에 관해 말하기의 중요성을 잊지 않기

이야기 다시쓰기 대화는 선형이 아니란 것, 직선적이고 좁은 길을 따라

가는 것이 아니란 것, 한 방향으로만 향해 가는 것이 아니란 것을 나 자신에게 상기시키는 것이 중요하다는 것을 나는 경험을 통해 알게 되었다. 심지어는 내가 지금은 대안적 이야기를 말하고 있는 시간이라고 생각할 때조차도, 문제가 다시 찾아와서 우리가 문제에 대해 다시 이야기할 필요가 있는 회기가 있을 수 있다. 사람들이 상담실에 올 때에는, 삶 및 인간관계에 대해 괴로운 상태에 있는 경우가 많다. 그러므로 문제를 외재화하고 문제의 영향을 살펴보는 데에, 즉 문제가 그 사람의 삶 및 인간관계에 미치는 영향을 진정으로 인정하는 데에 상당한 양의 시간을 쓰는 것이 정말 중요하다. 또한 더 넓은 파워 관계가 이 상황에 어떻게 영향을 미치는지에 대한 질문들을 일관되게 하는 것 역시 필요하다. 나는 이 모든 것들이 이야기 다시쓰기 대화를 위한 기초 다지기 과정이라고 본다.

열정에 주의하기

사람들이 자기 삶에서 취했던 발전적 행보에 대한 반응으로, 나는 때로 상당한 흥분, 희망, 열정을 느낀다. 그러나 내 쪽에서 열정을 표현하는 것은 나의 경험과 나의 관점을 대화의 중심에 놓는 것이기 때문에 주의를 요한다. 그 대신 필요한 것은 이 발전적 행보가 그 사람 본인에게 의미 있는 것인지 아닌지, 왜 그러한지를 살펴보는 질문이다. 나는 나의 열정을 좋은 질문으로 이동시킬 필요가 있다는 것을 배웠다. 또한 열정에 주의해야 하는 이유는, 만약 치료자가 어떤 사건의 중요성을 부풀린다면 사람들이 어렵게 얻은 성취를 이어가지 못하는 경우 실패감을 경험할 수도 있기 때문이다. 치료자는 본의 아니게 이런 상황을 만드는 위험을 범할 수 있다. 이제 나는 사람들이 취한 행동이 작든 혹은 꽤나 거창하든, 이를 놓치지 않고 듣고 주목한다. 아울러 사람들의 이러한 행보가 그들에게 의미하는 바가 무엇인지를 열심히 질문한다.

누가 의미를 부여하는가에 주의하기

때로 나에게 가장 어려운 것은, 문제 이야기에 모순되는 것으로 보이는 어떤 사건이 독특한 성과로 간주되기에 충분하게 중요한지 여부를 결정할 질문을 어떻게 하는가이다. 만약 내가 이러한 질문을 잘 하지 못한다면, 혹은 만약 내가 이 부분에서 서두른다면, 충분히 중요했을 수도 있었던 사건이 가볍게 지나가면서 잊힐 수 있다는 것을 알게 되었다. 그러나 반대로 만약 내 질문에서 내담자 본인이 그 사건이 중요하다고 말하기를 바라는 나의 희망이 암시된다면, 이 역시 바람직하지 않다. 왜냐하면 이는 내가 본의 아니게 잘난 척하거나 지시하는 것으로 받아들여질 수 있기 때문이다. 이럴 때 유용한 힌트 하나는, 그 사람에게 "만약 당신이 그 상황에서 어떤 다른 사람이 그렇게 행동하는 것을 봤다면, 이것이 무엇을 의미한다고 생각하시겠어요?"라고 질문하는 것이다. 그 이유는 그 사람이 그 사건의 의미를 자기 스스로 인정하는 것보다는, 때로 이런 방식으로 그 중요성을 인정하는 것이 더 쉽기 때문이다. 이런 종류의 질문을 통해서 그 사람은 자기 자신의 경험을 다른 입장에 서서 바라볼 수 있게 된다.

긍정적 면을 지적하는 것에 주의하기

내가 이야기치료를 처음 시작했을 때, 때때로 이야기 다시쓰기 대화를 하기보다는 내담자의 긍정적인 것을 단순히 지적하고 있다는 것을 알아차릴 때가 있었다. 그러나 나는 안다. 사람들이 나의 긍정적인 것을 단순히 지적할 때, 사실 나는 그런 것들이 나랑 부합하지 않는다고 느끼거나, 상대방이 내 문제를 진정으로 듣지 않는다고 느낄 수 있다는 것을 말이다. 이런 곤란을 피하기 위해서, 나는 내담자의 문제 이야기의 진정한 영향을 인정한다는 것을 확실히 하려고 언제나 노력한다. 뿐만 아니라, 상담과정에 다른 사람들을 포함시키고자 언제나 노력한다. 종종 나는 사람들이 친구, 파트너, 가족성원을 상담회기에 데려오고 싶은지를 물어본다. 이런 방식에서 나는 함께 온 다른 사람에게 "당신은 그 사람이 취하고 있는 발전적 행보를 뭐라고 이해하는지요?" "당신이 의미 있게 보는 것은 무엇이고 왜 그러한지요?"를 질문할 수 있다. 이러한 질문은 이 과정에서 내가 중심에서 벗어나는 것을 돕고, 이는 나에게 안도감을 준다. 긍정적인 것을 지적하는 것은 내가 할 일이 아니다. 나의 역할은 질문하는 것이다!

새로운 이야기를 다른 사람들에게 알리기

사람들이 자기의 정체성 이야기를 적극적으로 다시 쓸 때, 다른 사람들이 이 소식을 따라잡는 것이 매우 중요할 수 있다. 안 그러면, 친구들과 가족들이 이 새로운 발전에 어떻게 대응할지를 모를 수도 있기 때문이다. 상담실에서 일어나는 새로운 일들에 대해서 다른 사람들에게 알려주기 위해서, 우리는 때때로 축하, 예식, 파티 등을 해 왔다. 이러한 행사는 지역사회에서 그 사람이 새로이 내디딘 삶의 새로운 이야기를 인정하는 것이다. 또한 이러한 행사는 이 과정에 다른 사람들의 지원을 초청할 기회가 된다. 같은 목적으로 편지를 활용할 때도 있었다. 이 편지에서는 내담자에게 어떤 변화가 일어나고 있는지를 단순히 말한 후에, 사람들이 내담자가 선호하는 변화가 드러나는 것에 주목하고, 이에 그들이 긍정적으로 반응할 것을 명확히 요청한다.

새로운 이야기를 잊지 않도록 하기

때때로 내담자가 정말 도움 되었다고 말하는 회기가 있는데, 다음 회기에 만나면 마치도 지난 회기에 일어난 모든 일이 잊힌 것 같을 때가 있다. 나는 한동안 이런 일에 대해서 당황했다. 나중에 깨달은 것은, 내담자의 새로운 이야기에의 연결이 회기와 회기 사이에 유지되는 것을 도울 방법을 그 당시에 어떤 것도 만들지 않았었다는 것이었다. 그래서 연결을 유지하는 방법으로 최근에는 우리가 상담회기에서 했던 대화-특히 선호하는 이야기의 발달에 관한 것-를 요약한 편지를 내담자에게 보내기도 하고, 내담자가 집으로 가져갈 일종의 문서를 함께 만들기도 한다. 이는 상담에서 이루어진 성과를 잊지 않게 하는 작용을 한다. 그리고 내담자가 회기 사이에 이를 읽고 타인과 나눔을 할 때, 이는 이야기 다시쓰기 과정에 진정한 차이를 가져올 수 있다.

이제 설명은 끝났다. 여기에서 우리는 이야기 다시쓰기 과정, 그리고 이 작업을 형성하는 생각에 관해서 소개하고자 했다. 또한 우리는 이 작업을 위해서 저메인, 메리, 트레이시, 쥬킨의 이야기를 공유했다. 우리가 만드는 이야기가 우리의 삶을 형성한다는 생각은 우리에게 즐거운 것이다. 이 생각은 모든 이야기치료 실천의 근거가 된다.

선호하는 이야기의 행동영역과 정체성영역의 발달에 기여하는 질문 기술을 발전시키는 데에는 많은 시간과 연습이 필요하다! 독특한 성과에 주목하고 이를 대안적 스토리라인으로 공동 저작하는 길을 발견하는 것 역시 많은 시간과 연습이 필요하다. 우리 삶의 이야기는 풍성하고 복합적이며, 우리 각자에게 모두 다르다. 다시 한번 말하건대, 이것이 이 작업의 섬세한 아름다움으로 이끄는 길이다.

이 질문과 답에 관하여

우리는 이 글이 만들어진 과정에 함께한 모든 분들에게 감사를 표한다. 특히 루디 크론비흘러, 마르타 캄필로, 휴 폭스, 매기 커리, 데이빗 덴버로, 이마 로렛, 쇼나 러셀에게 감사드린다.

또한 우리는 상담실에서 우리와 함께 작업한 모든 남성들과 여성들께 감사를 표하고자 한다. 이 글에는 그분들의 생각, 관점, 도전 등이 나타나 있다.

참고문헌

Bruner, J. 1986: *Actual Minds, Possible Worlds*. Massachusetts: Harvard University Press.

Carey, M. & Russell, S. 2002: 'Externalising: Commonly asked questions.' *International Journal of Narrative Therapy and Community Work*, No. 2.

Carey, M. & Russell, S. 2003: 'Outsider-witness practices: Some answers to commonly asked questions.' *International Journal of Narrative Therapy and Community Work*, No. 1.

Epston, D. 1992: 'A proposal for re-authoring therapy: Rose's revisioning of her life.' In McNamee, S. & Gergen, K. J. (eds): *Therapy as a Social Con-*

struction. London: Sage Publications. Republished in Epston, D. 1998: *Catching up with David Epston: A collection of narrative practice-based papers.* Adelaide: Dulwich Centre Publications.

Epston, D. 1994: 'Expanding the conversation.' *Family Therapy Networker,* Nov/Dec. Republished in Epston, D. 1998: *Catching up with David Epston: A collection of narrative practice-based papers.* Adelaide: Dulwich Centre Publications.

Epston, D. & White, M. 1990: Narrative *Means to Therapeutic Ends.* New York: W.W.Norton.

Morgan, A. 2000: *What is Narrative Therapy?* Adelaide: Dulwich Centre Publications.

Russell, S. & Carey, M. 2002: 'Re-membering: Responding to commonly asked questions.' *International Journal of Narrative Therapy and Community Work*, No.3.

White, M. 1995a: 'The narrative perspective in therapy', an interview by Bubenzer, D., West, J. & Boughner, S. In *Re-Authoring Lives: Interviews and essays*, pp. 11-40. Adelaide: Dulwich Centre Publications.

White, M. 1995b: 'Reflecting teamwork as definitional ceremony.' In *Re-Authoring Lives: Interviews and essays*, pp. 172-198. Adelaide: Dulwich Centre Publications.

White, M. 1997: *Narratives of Therapists Lives.* Adelaide: Dulwich Centre Publications.

White, M. 1999: 'Reflecting-team work as definitional ceremony revisited.' *Gecko*, 2:55-82. Re-published in White M. 2000: *Reflections on Narrative Practice: Essays and interviews.* Adelaide: Dulwich Centre Publications.

White, M. 2001a: 'The narrative metaphor in family therapy,' an interview with Denborough, D. In Denborough, D. (ed): *Family Therapy: Exploring the field's past, present & possible futures.* Adelaide: Dulwich Centre Publications.

White, M. 2001b: 'Folk psychology and narrative practice.' Dulwich Centre Journal, No. 2.

White, M. 2003a: Workshop notes. *www.dulwichcentre.com.au*

White, M. 2003b: Intensive training in narrative therapy. Dulwich Centre. Unpublished.

이야기 다시쓰기 실천에 관련된 추가 읽기 자료

Freeman, J., Epston, D. & Lobovits, D. 1997: *Playful Approaches to Serious Problems*. New York: W.W.Norton.

Freedman, J. & Combs, G. 1996: *Narrative Therapy: The social construction of preferred realities*. New York: W.W.Norton.

Payne, M. 2000: *Narrative Therapy: An introduction for counsellors*. London: SAGE Publications.

3장

회원재구성: 흔히 묻는 질문들에 대한 답

질문들을 모아서
쇼나 러셀과 매기 커리가 답함.

이 글은 원래 *The International Journal of Narrative Therapy and Community Work*(2002) 제3호에 게재된 것임.

1 회원재구성 실천(the practice of re-membering)
이란 무엇에 관한 것인가? 그리고 이는 보통의
회원재구성(re-membering)과 어떻게 다른가?

'회원재구성'이란 용어는 원래 바바라 마이어호프(Barbara Myerhoff)
(1982, 1986)가 새로 만든 것이다. 바바라 마이어호프는 인류학자로서,
미국 남캘리포니아의 유대인 노인공동체를 비롯하여 여러 많은 상황에
서 일했다. 마이어호프는 회원재구성이란 용어를 '특별한 형태의 회상
(recollection)'을 묘사하기 위하여 사용했다.

> *'회원재구성'이란 용어는 어떤 사람의 삶의 역사에 소속된 인물들, 즉*
> *삶의 회원들을 다시 불러모으는 데에 관심을 기울이면서, 특별한 형태의*
> *회상을 의미하기 위하여 사용될 수 있다….* (Myerhoff, 1982, p. 111)

이후 마이클 화이트(1997)는 사람들의 정체성은 '인생클럽'이라고 불리
울 수 있는 것에 의해 형성된다는 생각을 발전시켰고, 이야기치료에 '회
원재구성'이란 용어를 도입했다. 이 '인생클럽'이란 은유는 '우리 모두에
게는 우리가 자신을 어떻게 경험하게 되었는지에 있어서 특정한 역할을
했던 인생클럽의 회원이 있다'는 생각을 도입했다. 이러한 우리 '인생클
럽'의 회원들은 종종 이 '클럽' 안에서 서로 다른 계급이나 지위를 가지고
있다. 예를 들어 우리는 어떤 사람이 우리를 어떻게 생각지에 대해 다른
사람들보다 더 주의를 기울이거나 더 신뢰한다. 그들의 견해가 우리에게
가장 중요한 사람(들), 우리의 정체성에 가장 중요하게 영향을 미친 사람

들은 '인생클럽' 내에서 높게 인정되거나 존중받는 회원 지위를 가진다고 간주될 수 있다. 우리가 많은 신뢰를 부여하지 않는 사람들은 낮거나 덜 중요한 회원지위를 가진다고 간주될 수 있다.

우리의 인생을 '회원들과의 클럽'으로 생각한다는 것은 치료적 대화에 새로운 가능성을 열어 준다. 회원재구성 실천은 사람들이 자기의 '인생 클럽'의 '회원권'을 개정하거나 재조직하는 맥락을 제공한다. '회원재구성'(re-membering)이란 용어에서 하이픈(hyphen)은 re-membering(역주: '회원재구성'으로 번역됨)과 remembering(역주: '회상'으로 번역됨)을 구별하여 생각할 때 매우 중요하다. 왜냐하면 이 하이픈은 우리가 지나온 역사를 단순히 회상하는 것에 비해서 회원권에 대한 이러한 생각에 우리의 주의를 끌어오기 때문이다.

회원재구성 대화는 사람들이 자기 인생클럽의 회원권을 *개정하*는 데에 선택권을 열어준다. 예를 들어 버지니아는 근래에 힘든 시간을 보내고 있다. 버지니아는 자기 자신을 가치 없고 어리석다고 보는 생각과 싸워 왔다. 치료자와의 일련의 대화에서 버지니아는 자기 자신을 이렇게 보는 생각의 내력을 추적했다. 그 결과, 이러한 생각은 의붓아버지가 자기를 구박하고 학대했던 것에서 시작되었고, 이러한 생각은 지금까지 내내 자기를 지배해 왔다는 것을 깨닫게 되었다. 버지니아는 지금 자기가 씨름하고 있는 생각, 즉 자기가 가치 없고 어리석다는 생각은 사실은 의붓아버지가 보여 주었던 그 생각이라는 것을 알게 되었다. 버지니아는 의붓아버지와 여러 해 동안 아무 연락 없이 지내왔지만, 의붓아버지가 자기를 어떻게 보았는가는 버지니아가 자기를 어떻게 보는가에 여전히 깊이 영향을 미치고 있다. 회원재구성 대화에서 버지니아는 자기의 '인생클럽'에서 의붓아버지의 회원권을 격하시키고 싶다고 마음먹을 수 있다. 또한 치료자의 도움으로 버지니아는 자기가 누구의 생각을 더 격상시키고 싶은지를 결정할 수도 있을 것이다. 예를 들어 버지니아는 자기의 긍정적인 정체감에 공헌했던 어떤 인간관계를 격상하고 소중히 하고 싶다고 결정할 수 있다. 버지니아의 여동생은 언제나 버지니아를 존중했고, 언제나 버지니아가 삶에서 지지하는 것과 버지니아의 친절함을 인정해 온 사람이다. 버지니아는 '인생 클럽'에서 여동생에게 특별 종신명예회원권을 부여하고자 할 수도 있다. 치료자와 함께 버지니아는 이를 기념하는 어떤 예식을 발전시킬 수도 있다. 혹은 버지니아는 의붓아버지의 회원권 정지(그리고 이 회원권 정지가 풀릴 수 있는 조건) 및 여동생의 종신회원권 기념을 공식화하는 편지를 쓸 수도 있다.

이런 방식으로, 회원재구성 대화는 단지 회상을 넘어서서 사람들의 '인생클럽'의 회원권에 대한 사려 깊은 재조직화 작업이 된다.

2 회원재구성 대화는 다른 이야기치료 실천 방법과 어떻게 관련되는가?

이야기치료 작업에서 치료자는 그 사람이 *선호하는* 정체성 이야기를 풍부하게 하는 데에 기여하고자 하는 의도를 가진다. 이러한 작업의 기반은, 사람들이 자기가 선호하는 이야기나 선호하는 삶의 영역에 있을 기회를 가질 때 삶에서 어떤 행동을 취하고 싶은지를 더 쉽게 알 수 있을 것이라는 생각이다. 회원재구성 대화는 사람들이 자기가 선호하는 정체성 영역에 다른 사람들과 함께 있도록 연결하는 것이다. 그리고 이러한 연결은 사람들이 자기가 선호하는 행동을 하도록 지지해 준다.

3 회원재구성 밑에 있는 생각은 무엇인가? 자기에 대한 어떤 이해가 회원재구성 대화와 연관되는가?

회원재구성 실천은 우리의 정체성은 우리가 다른 사람들과 맺는 관계를 통해서 형성된다는 후기구조주의 이해에 기반을 두고 있다. 우리 삶에는 회원들이 있고, 이 회원들은 우리가 우리 자신을 어떻게 경험하는가에 영향을 미친다. 다른 사람들이 우리를 어떻게 보는가, 우리가 다른 사람들과 있는 자신을 어떻게 경험하는가, 우리가 어떻게 다른 사람들과 함께 인생길을 가는가, 이 모든 것들은 우리가 한 인간으로서 어떤 인간이 되고 있는지에 영향을 미친다. 데스몬드 투투 대주교는 이에 대해 간결하게 다음과 같이 말했다, "인간은 다른 인간을 통해서 인간이 된다"(Morrison, 2002, p. 5).

이는 우리의 정체성이 '많은 목소리'(다중 목소리)로 이루어지는 과정에 있다고 보는 인생관이다. 이런 관점은 여타의 다른 관점들, 즉 단 하나의 목소리로 이루어진 자기에만 초점을 맞추면서 정체성을 고도로 개별화된 것으로 보는 관점과는 매우 다르다. 또한 이런 관점은 정체성에 대한 우리 동 시대의 구조주의적 이해, 즉 인간 본성의 다양한 자질과 정수로 이루어진 '자기'를 존재의 중심에 놓는 이해와도 구별된다. 회원재구성 대화의 기반이 되는 후기구조주의적 관점에서는, 인간은 개별적 '자기'가 아니라 상호 연결된 관계망이라고 생각한다. 이에 대해 제르젠

(Gergen)은 다음과 같이 설파하였다. '우리들이 우리의 관계를 만든다기보다는, 우리의 관계가 우리들을 만든다'고 말이다. 구조주의적 이해와 후기 구조주의적 이해 간의 구별, 그리고 치료에 대한 그 둘의 다른 함의에 대해서 더 알고 싶다면 토마스(Thomas)(2002)(역주: 이 책의 제5장)를 읽기 바란다.

4 언제 회원재구성 대화에 들어갈 것인가? 어떻게 회원재구성 대화를 시작하는가?

회원재구성 대화를 시작하는 방법은 다양하지만, 특히 다음의 세 가지 상황에서 우리는 회원재구성 대화를 시작하게 된다.

첫 번째 상황은 내담자가 과거의 중요한 사람을 긍정적인 관점에서 말할 때이다. 이런 경우에 우리는 다음과 같은 질문을 할 수 있다. "만약 지금 메리 아줌마가 여기에 앉아 계시다면, 그리고 제가 메리 아줌마에게 '당신이 이 문제에 대처하기 위해서 했던 일에 대해서 메리 아줌마가 높이 인정하는 일 한 가지만 말씀해 보시라'고 한다면, 아줌마가 뭐라고 하실 거라고 생각하세요?" 이러한 종류의 질문은 메리 아줌마, 즉 내담자의 인생에서 긍정적인 인물로 규명된 사람의 회원권을 격상시키는 것이다.

두 번째 상황은 내담자가 자기 삶에서 어떤 문제상황에 대처함에 있어서 자기가 활용하고 있는 기술이나 지식에 관해서 이야기할 때이다. 내담자가 자기에게 이런 기술이나 지식이 있다는 것을 처음 알게 되었을 때, 그 설명은 매우 빈약할 수 있다. 즉 내담자는 이 기술에 대해서 매우 자신감이 있지는 않을 것이다. 이런 경우에 우리는 내담자의 기술이나 지식의 내력에 대해서 물어볼 것이다. 이런 경우에 회원재구성 대화를 시작하는 질문의 예는 다음과 같다. "어떻게 이렇게 생각(혹은 행동)하게 되었다고 생각하세요? 이 기술의 내력은 어떤 것인가요? 당신에게 이러한 방식으로 살기/생각하기/행동하기를 알려 준 어떤 분이 특별히 있나요?" 이런 종류의 회원재구성 질문들은 내담자의 삶과 다른 사람의 삶을 연결해 준다. 이러한 연결은 바로 이들이 공유하는 삶의 가치, 헌신, 기술, 이해를 중심으로 이루어지는 것이다.

우리가 회원재구성 대화를 시작할 확률이 매우 높은 세 번째 상황은 내담자가 자기 정체성에 대해서 부정적인 결론을 나타낼 때, 즉 자기가 희망이 없다, 가치 없다, 어리석다, 지긋지긋하다고 말할 때이다. 자기에 대한 이러한 부정적 설명이 마치도 자기의 전부를 나타내는 것처럼 말할 때, 회원재구성 대화는 해독제 역할을 할 수 있다. 예를 들어 피터가 상담실에 왔을 때, 피터는 자기 삶에서 자기가 어떻게 완전한 실패자로서 느끼고 있는지를 설명하였다. 그러나 이 회기의 첫 부분에서 피터는 친구 롭이 이 상담실에 자기를 데려다 주었고 밖에서 기다리고 있다고 말했다. 그렇다면, 일련의 회원재구성 대화를 통해서 롭이 피터의 삶에 무엇을 기여하는지, 그리고 롭이 피터의 정체성에 어떻게 긍정적인 방식으로 기여하는지를 탐구해 볼 수 있다. 더 진전된 질문으로서, 이번에는 피터가 자기 친구 롭의 삶에, 그리고 롭의 자기정체감에 어떻게 기여했는지를 알아볼 수 있을 것이다. 이와 같은 회원재구성 대화를 통해서 피터는 현재 자기를 부정적인 방식으로 판단하는 다른 사람들의 눈을 통해서가 아니라 롭의 눈을 통해서 자기 삶을 볼 기회를 좀 더 가질 수 있을 것이다. 아마도 다음 회기에 롭은 상담실에 초청되어, 그동안 피터를 괴롭혀 온 실패감으로부터 피터가 자기 삶을 되찾기 위해 어떤 행보를 취했는지에 대해서 열정적인 증인 역할을 하게 될 수도 있다.

이러한 종류의 회원재구성질문들은 지금 문제를 겪고 있는 내담자 주위의 긍정적 인물들을 신중하게 모은다. 그리고 내담자의 '인생클럽'에서 그 긍정적 인물들의 회원권을 격상시킨다.

5 일단 중요 인물이 누구인지 알아내면, 그다음엔 무엇을 하는가?

일단 중요 인물이 누구인지 알아내면, 그다음의 회원재구성 대화는 종종 두 종류의 질문군으로 이어진다.[1] 첫 번째 종류의 질문에는 다음과 같은 것들이 있다.

○ 메리 아줌마가 당신 삶에 기여한 것은 무엇인가요? 당신 삶을 다르게 한 무엇을 메리 아줌마가 했나요?

○ 당신이 자기 자신과 자기 인생을 어떻게 생각하는가에 있어서, 메리 아줌마의 이러한 행동은 어떤 차이를 가져왔나요?

두 번째 종류의 질문에는 다음과 같은 것들이 있다.

○ 메리 아줌마가 당신에게 왜 이러한 관심을 보였다고 생각하나요? 메리 아줌마의 삶에 당신이 기여한 것은 무엇인가요?

○ 메리 아줌마와 당신과의 관계가 아줌마에게 무엇을 의미했다고 생

각하나요? 메리 아줌마가 자기 자신과 자기 인생을 어떻게 생각하는가에 있어서, 당신은 어떤 차이를 가져왔을 거라고 생각하나요?

종종 회원재구성 대화는 대안적 이야기의 시작을 바탕으로 이루어진다. 사람들이 자기 자신에 대해 대안적으로 생각하는 방식을 얼핏 보기 시작할 때, 그 사람의 역사 속에 선호하는 정체성 주장의 자취가 있다는 것, 그리고 이러한 선호하는 정체성 주장에 기여한 인물이나 존재가 있을 거라고 생각할 수 있다. 그러므로 우리는 다음과 같은 질문을 하는 것에 관심을 가진다.

○ 당신에게 중요한 것에 관해서 당신이 이런 식으로 말하는 것을 듣고 가장 덜 놀랄 사람이 당신 과거에서 누구인가요?
○ 그분들이 당신에 대해 무엇을 알까요? 당신이 말한 이 가치/믿음/헌신이 당신에게 중요하다는 것을 나타내는 당신의 어떤 행동을 그분들이 목격했을까요?
○ 이러한 것들을 알아차리는 것이 그분들에게 무엇을 의미했을까요?
○ 이러한 것들을 알아차리는 것이 그분들의 삶에 어떻게 기여했을 것 같으세요?

이런 방식의 회원재구성 질문들은 특정 주제를 중심으로 사람들의 삶을 연결하는 것에 관한 질문이다. 예를 들어 주안이 '너그러움'을 자기가 소중히 하는 가치라고 천명할 수 있다. 주안의 '너그러움'에 대한 헌신의 역사를 추적할 때, 주안과 마찬가지로 너그러움이 역시 소중한 중요 인물(들)이 있을 수 있다. 그리하여 이런 사람들의 존재가 대화에서 드러나면, 혹은 이런 사람들이 아마도 상담과정에서 연락되거나 초청되면, 주안과 이 사람들의 삶은 '너그러움'이란 주제를 중심으로 연결되게 된다.

이렇게 공유된 주제를 중심으로 삶을 연결하는 것은 회원재구성 대화의 핵심이다. 일단 사람들의 삶이 특정 주제를 중심으로 연결되면, 이는 그 사람의 고립감을 감소시키고 대안적 이야기를 보다 풍부하게 묘사하는 데에 기여한다.

6 만약 내담자가 회원재구성을 하고 싶은 사람이 아무도 없으면 어떻게 할까? 이로 인해 내담자의 기분이 그저 더 저하되지나 않을까?

회원재구성 대화에서 내담자는 보통 자기 삶의 역사에서 어떤 특정 인물을 생각해 낸다. 그러나 사실상 이 특정 인물이 내담자와 직접적 관계를 맺고 있는 인물일 필요는 없다. 이것이 회원재구성 대화의 멋진 점들 중의 하나이다. 예를 들어, 어떤 작가가 쓴 책을 읽고 있는 사람은 이 작가가 자기를 이해하고 인정할 거라고 믿을 수 있다. 그렇다면 이 작가는 매우 의미 있는 회원재구성 대화의 초점이 될 수도 있다. 우리는 내담자 삶의 역사를 통해서 그 사람 삶의 가치, 헌신, 목적을 알아내고자 한다. 그런데 내담자 삶의 가치, 헌신, 목적에 중요하게 공헌한 사람이 실제 인물이 아니라, 신비롭고 상상적이며 가상적인 등장인물이나 역사적인 인물, 또는 동물이나 심지어는 완구인형이라는 것을 알게 될 수도 있다. 만약 우리가 질문을 잘하고 내담자보다 너무 앞서서 나아가지만 않는다면, 일반적으로 내담자는 대화에서 묘사되고 있는 전진에 기여한 인물이 누구인지 알아낼 수 있을 것이다. 왜냐하면 사람들의 능력, 헌신, 가치, 목적은 진공상태에서 만들어지지 않으며, 그 사람의 지나온 시간들, 그리고 다른 사람들 및 세상과의 관계에 의해서 형성되었기 때문이다. 이러한 연결과 역사를 발굴할 방법을 알아내는 것은 순전히 치료자의 일이다.

게다가 우리는 이야기치료대화의 어느 국면에서도 한 번에 하나의 질문만 하기 때문에, 내담자가 회원재구성하고 싶은 인물을 떠올리지 못하는 일은 없다. 예를 들어, 사람들이 자기 삶에서 행한 독특한 성과에 대한 이야기를 발전시키고 있다면, '누가 당신이 이렇게 하리라는 것을 예상했을까요?'라고 물어볼 수 있다. 이에 대한 대답으로 만약 그 사람이 어떤 인물을 말한다면, 이는 회원재구성 대화의 시작이 될 수 있다. 반면 만약 내담자가 아무도 생각해 낼 수 없다면, 자기 삶의 어떤 인물을 보다 쉽게 알아낼 수 있도록 추가적인 스캐폴딩 질문을 할 수도 있다. 예를 들면, "누가 가장 덜 놀랄 것이라고 생각하세요?" 혹은 "누구인가 당신이 이러한 행보를 취할 것을 예상했을 거라고 추정되는 사람이 있나요?" 같은 질문을 해 볼 수 있을 것이다. 만약 그 사람이 아무도 생각해 낼 수 없다면, 다른 방향의 질문을 해 볼 수 있다. "그렇다면 당신이 취한 이 행보는, 그걸 예상한 사람이 아무도 없었을 정도로 진짜 무척이나 대단한 것이었군요…. 그렇다면 이 행보를 취하도록, 즉 여기까지 오도록 이끈 것은 무엇이었을까요? 이런 행보를 취하기 위해서 당신은 어떤 기술을 발전시켜야 했나요?" 이 대화에서 초점은 회원재구성에서 잠시 벗어나지만, 후에 다시 돌아오게 될 것이다. 일단 그 사람이 최근에 보여 줬던 기술을 설명하고 나면, 그는 이 기술을 어떻게 누구로부터 배웠는가에 대한 회원재구성 대화로 다시 초대될 것이다. 이 기술이 상상, 용기, 지성, 인내, 창의성, 열정 등 무엇이건 간에, 이 기술의 발달에는 역사가 있을 것이다. 그리고 누가 그들에게 이 기술을 소개했는지에 관한 회원재구성 대화는 적절하고 유익할 것이다.

여기에서 언급해야 할 것은, 회원재구성 대화는 살아 있는 사람에 대해서만 생각하는 것은 아니란 점이다. 회원재구성 대화가 사용되는 가장 잘 알려진 분야는 상실과 애도의 상황이다. 이에 대해 로레인 헤드케(Lorraine Hedke)는 다음과 같이 설명한다.

죽음을 앞둔 사람, 그리고 애도를 겪는 가족과 함께 일하는 나의 업무에서 회원재구성은 늘 함께하는 안내자이다. 나는 죽음을 앞둔 사람에게 그의 이야기가 어떻게 이어지기를 원하는지 직접적으로 묻는다. 다른 사람들의 인생클럽에서 자기의 회원권이 어떻게 살아 있고 어떻게 기념되기를 원하는가? 또한 나는 사랑하는 사람이 세상을 떠난 후 가족들이 그의 회원권에 대해 어떻게 하고 싶은지에 대해서 가족들과 이야기하는 것에 관심을 가진다. 세상을 떠난 사랑하는 사람에 대한 기억과 그의 정신적 유산을 계속 살아 있는 것으로 간직한다는 것은 어떤 것인가? 세상을 떠난 사람과 가족들의 연결을 기리기 위해서 어떤 예식을 행하거나 불러일으킬 수 있는가? 가족의 '인생클럽'의 새 회원에게 세상을 떠난 사랑하는 사람의 삶을 소개한다는 것은 어떤 의미가 있는가?

죽음을 앞둔 사람과 일할 때, 몇 가지 고려할 점이 있다. 나는 어떤 남성과 일한 적이 있는데, 그는 가족이나 친구보다 오래 살았다. 이 상황에서 나는 그의 삶의 이야기와 정신적 유산을 계속 이어나갈 다른 수단을 찾을 필요가 있었다. 이에 따라 회원재구성 대화에는 다른 책임이 요구되었다. 그는 자기가 수집했던 상당량의 미술품을 기증하겠다고 결정했고, 그와 나는 그 결정에 관해서 함께 이야기했다. 자기에 관해서, 자기의 결정과 자기의 삶에 관해서 미래에 다른 사람들이 무엇을 알기를 바라는지, 그리고 이러한 바람이 미술품들을 기증한 것과 어떻게 연결되는지에 관해 함께 이야기했다. 이러한 대화를 통해서 그의 인생클럽의 회원권은 그의 너그러운 기증을 지켜볼 미래 청중들까지 포함하는 것으로 확대되었다. 이 청중은 그가 만난 적이 없었고 앞으로도 만날 일이 없을 사람들이었다. 그러나 이 대화는 매우 의미 깊었다.

7 회원재구성 대화는 삶에서 오직 긍정적인 인물에 대해서만 하는가? 삶에서 부정적 영향을 미친 사람들에 대해서는 어떠한가?

앞에서 언급한 대로, 내담자의 정체성에 어떤 사람의 의견이 부정적 영향을 미쳤을 때 이 영향을 줄일 필요가 있는 상황이 있다. 특히 과거에 중대한 학대가 일어났던 상황이 그러하다. 만약 인생은 회원들과의 클럽이라고 이해된다면, 그 사람의 인생클럽에서 어떤 사람의 회원권을 때로 재조정하거나 강등조치하거나, 극단적인 경우에는 파기할 필요가 있을 수 있다. 이렇게 하는 데에는 다양한 방법이 있다. 문서를 만들 수도 있고 기념식을 행할 수도 있다. 이런 방법을 통해서 사람들은 자기의 정체성에 대한 의견에 누구의 목소리가 영향을 줄 것인지를 결정할 권리를 되찾을 수 있다. 이러한 문서와 기념식에서는 자기 인생클럽의 회원으로서 어떤 사람을 받아들일지에 대한 조건을 상세하게 명시하는 경우가 많다. 이런 조건의 예를 들자면, 어떤 사람이 내 인생클럽의 회원이 되려면 존경, 친절, 우정, 혹은 이와 비슷한 것들을 보여 줘야 한다고 명시하는 것이다.

어떤 사람의 회원권이 정지되거나 강등될 때마다, 이는 어려울 때 지지해 줬던 다른 사람의 회원권이 격상되거나 기념되는 기회가 된다. 문서와 기념식은 이러한 목적을 위해서 사용된다.

때로는 내담자에게 부정적인 영향을 미쳤다고 생각되었던 인생클럽 회원의 정체성을 새로이 다시 구성하는 작업이 이루어진다. 회원재성대화는 이럴 때에도 활용될 수 있다. 이를 설명하는 가장 쉬운 방법은 사례를 통해서일 것이다. 조나단은 엄마인 제니스가 길렀는데, 제니스는 조나단의 어린 시절 내내 알코올중독에 시달렸다. 조나단이 처음 상담하러 왔을 때, 조나단은 몇 년 전 돌아가신 어머니가 자기를 무시했고 자기가 현재 겪고 있는 어려움의 많은 부분이 어머니의 잘못 때문이라고 믿었다. 그러나 어머니의 음주문제의 내력을 알아보는 과정에서, 조나단은 어머니가 어린 시절 겪었던 폭력, 그리고 조나단이 10살 때 가족을 떠난 남편(조나단의 아버지)으로부터 다시 겪었던 폭력에 대해서 좀 더 생각하기 시작했다. 제니스는 조나단에게 이런 폭력을 결코 재현 반복하지 않았다. 그리고 세심한 회원재구성 대화를 통해서, 조나단은 제니스의 삶에서 중요했던 가치와 헌신을 다른 각도에서 생각할 수 있었다. 사실상 치료자가 조나단에게 자기의 친절하고 사려 깊은 방식을 누구에게 배웠다고 생각하느냐고 묻자, 그의 답은 어머니로부터 배웠다는 것이었다.

자기의 삶과 어머니의 삶을 긍정적인 방식으로 연결하는 방법을 알게 된 것은 조나단에게 중대한 차이를 가져왔다. 또한 조나단이 자기 삶과 가족을 이해하는 방식에 중대한 차이를 가져왔다.

이러한 방식의 회원재구성 대화는 치료자로서 신중하고 깊은 사려를 요한다. 그러나 적절하기만 하다면 내담자에게 매우 의미 깊은 변화를 가져올 수 있다.

8 사람들은 종종 회원재구성 실천을 정말로 즐긴다고 들었다. 이는 무엇과 관련이 있다고 생각하는가?

회원재구성 대화는 사람들이 그냥 지나칠 수도 있었던 경험들과 다시 관계 맺을 기회를 준다. 자기의 삶이 타인들과 공유되는 가치와 주제를 중심으로 타인들과 연결되어 있다는 것을 경험하는 것은 고립에 대한 해독제가 된다. 이는 또한 우리 치료자들의 기운을 북돋울 수 있다. 이에 대해 질 프리드먼은 다음과 같이 설명한다.

자기의 가슴과 마음에 어떤 사람들을 개인의 정다운 팀으로서 간직하는 것, 그리고 자기에 대한 그들의 경험을 간직하는 것, 이것은 우연의 공동체가 아닌 선택의 공동체 속에서 자기 자신을 알 수 있도록 해 준다. 이것이 모든 차이를 가져올 수 있다.

9 회원재구성 실천은 원가족 작업과 어떻게 다른가?

몇몇 실천가는 원가족 작업(가족 치료의 한 형태)과 회원재구성 실천을 연결하면서도 구별했다. 만약 이에 대해 관심이 있다면, 우리는 당신이 앤 하트먼(Anne Hartman)의 인터뷰인 '원가족 작업에 재연결하기'(2001)를 읽기를 권한다.

원가족 작업과 회원재구성 실천 간의 핵심적 유사성들 중 하나는 인간의 정체성에 과거의 인간관계가 미치는 영향을 인정하는 것과 관련된다. 그리고 원가족 작업과 회원재구성 실천 둘 다 이런 과거의 인간관계를 다시 절충하고 조정할 기회를 만들려고 한다.

반면 핵심적 차이들 중 하나는 원가족 작업은 가족과 정체성에 대한 특정 구조주의적 이해에 기반을 두고 있다는 것이다. 이러한 구조주의적 이해는 무엇이 '건강한' 가족을 이루느냐에 대한 특정한 가정을 포함한다. 이와는 대조적으로, 회원재구성 대화는 어떤 사람의 생물학적 원가족과의 관계를 그 사람이 선택해서 만든 가족과의 관계보다 더 우위에 두지 않는다. 회원재구성 실천은 오직 생물학적 인생클럽만을 탐구하지 않는다. 회원재구성 대화가 어디에 초점을 둘지는 그 사람의 경험과 가치가 결정하며, 또한 중요한 타자가 그 사람의 정체성의 구성과 재구성에 어떻게 기여했는지가 결정한다. 또 다른 핵심적 차이는, 회원재구성 대화는 무엇이 '건강한 관계'를 구성하는지에 대한 어떤 원형 틀에도 기반을 두지 않는다는 것이다. 그 대신 회원재구성 대화는 어떤 특정 인간관계의 진정한 영향에 대해서 알아보고, 이런 영향과 관련해서 사람들이 선호하는 것을 알아본다. 이것이 회원재구성 대화의 가치를 결정한다.

💬 10 회원재구성 실천을 활용하는 데에 주의할 점이 있나?

다른 어떤 치료적 실천과 마찬가지로, 회원재구성 실천에 자신감과 기술을 발전시키기 위해서는 시간과 연습이 필요하다. 다음은 다른 실천가들이 회원재구성 대화를 하는 데 있어서 고려해 봄직 하다고 말하는 것들이다.

○ 내가 부모와 아동을 함께 상담할 때, 나는 때때로 '전문가'로 있고 싶은 욕구와 쑥스러움으로 인해서 아동에게 적절한 회원재구성 질문을 제대로 하지 못하는 경우가 있었다. '네가 이렇게 할 수 있다는 것에 대해서 곰인형은 뭐라고 말할 거라고 생각하니?' 혹은 '너의 상상의 친구는 이에 대해 뭐라고 생각하는지 물어봐도 될까?'와 같은 질문을 내가 할 수 있게 되기까지는 연습이 필요했다. 그러나 나는 이런 질문들이 종종 매우 유용하다는 것, 그리고 이런 질문들은 아동이 자기의 기술에 관해서 풍부한 상상적 방법으로 말할 수 있게 한다는 것을 알게 되었다. 그래서 나는 이런 질문들을 계속한다. 그리고 부모들도 보통은 이러한 질문들에 정말로 공감한다.

○ 사람들이 '인생클럽'의 회원권을 개정하도록 초대할 때, 특히 만약 어떤 사람의 회원권을 파기하기를 원하는 상황이라면, 언제나 세심하게 주의해야 한다는 것을 알게 되었다. 나는 이러한 대화를 언제나 매우 진지하게 받아들인다. 나는 편을 나누거나 어느 한쪽 편을 드는 데에는 관심이 없다. 그러나 심각한 학대가 있는 상황에서, 어

면 사람은 학대 행위자의 회원권을 파기하거나 유보하는 결정을 내릴 수 있다. 그리고 이런 결정은 그 사람에게 매우 의미 깊고, 정말로 치유의 효과를 가질 수 있다. 우리는 시간을 들여서 어떤 단계를 밟을지를 결정한다. 회원권을 파기하기를 원하는 경우라면, 보통 이 인물은 아무튼 현재는 관계를 갖지 않는 인물일 것이다. 그렇다면 이 인물에 대한 기억이 내담자의 정체성에 계속적으로 미치는 영향을 감소시킨다는 의미에서 회원권 파기라는 아이디어를 살펴본다. 어떤 경우이든, 내담자는 그 인물이 어느 시점에서 어떻게 회원권 구제의 단계를 밟아서 내담자의 인생클럽에 재가입될 수 있는지에 관한 문구를 포함하도록 결정할 수 있을 것이다. 혹은 내담자는 그 인물의 회원권을 영구히 파기하기를 원한다고 결정할 수도 있다. 어떤 경우든 이런 상황에서 나는 세심한 주의를 기울인다. 어떤 인물의 회원권을 파기한다는 것은 가볍게 여길 일이 아니다. 그러나 이는 때로 매우 중요할 수 있다.

○ 회원재구성 대화를 도입하는 타이밍에 관해서 신중하게 생각하는 것이 유용하다는 것을 알게 되었다. 나는 전에는 회원재구성 대화에 좀 서둘러 들어가곤 했다. 지금은 독특한 성과를 찾기 전에, 그리고 이러한 독특한 성과에 대한 회원재구성 질문을 하기 전에, 우리가 문제의 진정한 영향을 충분히 살펴보고 서술했는지를 확실히 하려 노력한다. 이는 내담자가 마치도 문제의 영향이 어떤 방식으로든 과소평가되는 것처럼 느끼지 않도록 하는 데에 도움을 준다.

○ 사람들이 회원재구성 질문에 대한 답으로 어떤 인물을 생각해 내는 것을 힘들어 할 때, 나는 전에는 포기하고 다른 종류의 질문으로 넘어가곤 했다. 그러나 지금은 가능성을 끈기 있게 탐구하려고 한다. 이럴 때 나는 나 자신에게 상기시킨다. 회원재구성될 연결이 있을 것은 거의 확실하다고 말이다. 만약 가족이나 친구가 아니라면, 아마도 어릴 적 학교 선생님, 혹은 나이 많은 이웃, 혹은 연하의 사람, 혹은 책이나 영화의 등장인물, 혹은 오랫동안 소중히 해 온 곰인형, 심지어는 특정 장소와의 연결이 가능할 것이다. 회원재구성 대화가 탐구할 영역이 무엇이 될지에 대해서 나는 정말로 마음을 열고 있다. 나는 지금 내담자와 개발하고 있는 대안 이야기를 내담자 삶의 역사에 연결시키는 방법, 그리고 이 삶의 역사 안에서 다른 사람들의 기여를 기념하는 방법을 계속 찾고 있다. 나는 이에 대해 전보다 더 끈기 있게 한다.

○ 치료대화에서 대안이야기를 개발하기 시작할 때, 나는 전에는 막히곤 했다. 내담자가 '그건 내가 높은 자부심을 가지고 있기 때문이지요' 혹은 '그건 나의 내적 강점 때문이지요' 같은 것을 말하곤 했고, 그러면 나는 무엇을 해야 할지를 몰랐다. 대화는 그저 중단되었다. 이럴 때 회원재구성 대화는 유용했다. 나는 이 '자부심' 혹은 이 '내적 강점'에 대해서 질문을 시작할 수 있다. 나는 그런 것들의 역사, 누가 이에 기여했는지, 누가 이것을 가능하게 만들었는지에 대해서 살펴볼 수 있다. 그러면 사람들의 삶의 중요한 인물들이 대화 속으로 들어오고, 나는 계속되는 질문을 하기가 더 쉽다는 것을 알게 되었다.

나는 이런 중요 인물들이 내담자의 삶에 어떻게 기여했는지, 그리고 내담자가 현재 취하는 행보에 대해서 중요 인물들이 뭐라고 말하겠는지를 묻는다. 이러한 대화는 종종 내적 강점이나 자부심에 관한 대화보다 훨씬 더 감동적이다. 그러면 내담자들은 자기 삶에서 어떻게 이 중요 인물들과의 연결을 보다 더 유지할 것인가에 대하여 새로운 생각을 해내는 것 같다. 그들은 중요 인물들에게 전화하기로 결정할 수도 있다. 우리는 그 중요 인물들이 다음 회기에 우리와 함께 하도록 초대할 수도 있다. 만약 그 중요 인물들이 살아 계시지 않다면, 그분들이 내담자의 일상생활에서 더 소중히 여겨질 수 있는 방법을 함께 생각해 볼 수도 있다. 내담자들은 이런 대화가 매우 도움 된다고 여기는 것 같다. 그리고 나 역시도 이런 대화를 좋아한다.

11 회원재구성 대화는 치료자의 삶과 업무에 어떻게 관련되는가?

회원재구성 대화는 치료자로서의 우리의 업무에, 그리고 우리의 삶에 매우 많은 관련을 가진다. 우리의 치료실천과 관련되는 기술이나 지식의 많은 부분이 우리에게 중요한 인간관계의 역사에서 습득되었다. 회원재구성 대화는 이러한 지식과 기술이 훨씬 더 풍부하게 경험되고 묘사될 수 있도록 한다. 그리고 이것이 의미하는 바는, 이러한 지식과 기술이 우리의 치료실천의 앞으로의 발전에 더욱더 많이 활용될 수 있다는 것이다.

예를 들어 치료자로서 제인의 소중한 능력들 중의 하나는 다른 사람들의 상황, 특히 힘든 상황에 처한 사람들의 어려움에 민감하다는 것이다.

수퍼바이저와의 회원재구성 대화를 통해서, 제인은 자기의 이 민감성이 실제로 자기가 배웠고 오랜 세월동안 연습했던 기술이라는 것을 깨닫게 되었다. 제인은 자기에게 민감성의 기술을 알려 준 사람이 이모할머니라 는 것을 알게 되었다. 이모할머니는 제인의 어린 시절 가족이 매우 힘든 시기를 보냈을 때 제인의 가족에게 큰 친절함과 지지를 보여 주었던 분이 다. 이러한 역사를 풍부하게 묘사하고 이모할머니를 회원재구성하면서, 제인은 자기의 민감성의 기술을 더욱 소중하고 감사하게 여기게 되었다. 또한 이러한 민감성의 기술이 지금 자기의 전문직 업무와 관련 있다는 것 이 이모할머니에게 무엇을 의미할 것인가를 생각해 봄으로써, 그리고 이 모할머니가 이에 대해서 뭐라고 말씀하실지를 생각해 봄으로써, 제인은 자기의 업무를 더 잘할 아이디어, 그리고 자기가 '민감한 상담실천'이라 고 부르는 것을 충분히 개발할 아이디어를 더 생각해 낼 수 있었다. 아울 러 제인은 내담자들의 느낌에 대한 민감성뿐만 아니라, 내담자들 삶의 상 황적 맥락, 그리고 그들의 경험을 형성한 삶의 역사에 대한 민감성의 중 요성에 대해 말하게 되었다. 치료자가 자기의 실천 업무에 갖고 오는 기 술과 헌신을 이렇게 탐구하는 것은 우리의 업무와 삶에 중요한 기여를 할 수 있다.

다음은 이 질문에 답하여 다른 치료자들이 말한 것들이다.

○ *회원재구성 실천은 나에게 직업적으로나 개인적으로 중요한 차이 를 가져왔다. 이는 나의 내담자들을 돌이켜 생각해 볼 때, 특히 그러 했다. 여러 해 동안 나는 내가 상담한 사람들과 가진 몇몇 매우 의미*

있는 대화의 증인이 되고 내가 치료자로서 그 대화의 일부가 되는 영광을 가졌다. 그리고 이렇게 공유된 대화는 나의 업무를 변화시켰다. 예전에 내가 상담했던 사람들 중 몇몇은 사진이나 기타 마음의 표시들을 통해서 여전히 내 사무실에 남아 있다. 지금 나의 업무윤리 중 일부는 이 사람들이 나에게 기대하는 바에 따라 사는 것과 관련되며, 나는 이를 소중히 여긴다. 이 사람들, 그리고 내 삶과 내 업무에 이 사람들이 미친 영향을 회원재구성하면서, 나는 때로는 힘든 치료 업무에서 지지받고 인정받는 느낌을 경험한다. 내 업무에서 다른 사람들과 연결된다는 것은 내가 나보다 훨씬 더 큰 무언가의 일부라고 느끼도록 한다. 나는 이를 소중한 보물처럼 여긴다.

○ 개인적으로 나는 언제나 회원재구성 실천을 활용한다. 회원재구성 실천은 내가 돌아가신 아버지를 애도하면서 나와 아버지의 대화가 끝나지 않도록 해 주었고, 이는 나에게 크나큰 위안이 되었다. 또한 회원재구성 대화는 내 딸이 학교 가기를 싫어했던 날들에 내가 그 아이의 점심도시락에 붙이는 쪽지에 무엇을 쓸까에 대해서, 나를 이 끌어주었다. 그리고 이는 내가 세상에 대해서 느끼는 방식, 그리고 내가 세상 안에서 관계되는 느낌을 변화시켰다.

○ 나는 회원재구성 실천이 치료자 교육훈련 상황에서 매우 적절하다는 것을 알게 되었다. 왜냐하면 회원재구성 실천은 학생들이 자기 삶에서 중요한 영향을 미친 몇몇 인물들과 다시 연결될 수 있도록 해 주기 때문이다. 종종 회원재구성 실천은 학생들이 치료자라는 직

업을 선택하도록 이끌었던 중요한 가치의 역사를 전면으로 가져오고, 그들이 어떻게 일하고 싶은지 왜 그러한지에 대해서 더 분명히 할 수 있도록 해 준다.

○ 회원재구성 개념이 '사유재산'이라는 담론, 그리고 '상업적 거래'라는 담론으로부터 나를 물러설 수 있도록 하는 데에 매우 유용하다는 것을 알게 되었다. 이런 담론은 때대로 상담 세계를 점령하고 있다. 내담자들이 상담실로 가져오는 기술에 공헌했던 인간관계의 역사를 생각해 볼 때, 그리고 나 자신의 상담기술을 형성했던 인간관계의 역사를 생각해 볼 때, 나는 나의 업무에서의 발전에 대한 '개인적 소유감'을 훨씬 덜 가지게 된다. 그리고 이럴 때, 나와 내담자의 대화에서의 긍정적인 발전의 '공로를 인정받을' 사람이 나인지 아니면 내담자인지에 대한 생각도 덜 하게 된다. 이것은 정말로 안도감을 준다. 이는 내가 훨씬 더 흥미 있는 역사를 탐구하도록 해 준다.

○ 회원재구성 대화는 내담자의 삶에서 치료자로서 나의 위치에 특권을 부여하지 않도록 도와준다. 나는 그 사람을 그의 삶에서 오직 두 주일에 한번, 한 시간만 만날 수도 있다. 회원재구성 대화는 삶의 계속되는 과정은 치료의 외부에서 일어난다는 것을 내게 상기시켜준다. 이는 치료가 사람들의 삶에서 영향력이 없다고 말하는 것이 아니며, 내가 그 영향으로부터 벗어나고 싶다고 말하는 것도 아니다. 내가 말하고 싶은 것은, 회원재구성 실천은 내담자들의 삶에서 다른 인물들의 중요성을 내가 계속 주목하도록 해 준다는 것이다. 이는

내 역할이 지속적으로 탈중심적 위치를 유지하도록 돕는다. 그리고 나는 이를 소중히 여긴다.

○ 내 삶을 치료자로서 '회원들과의 클럽'으로서 생각한다는 것은, 내가 때로 느끼기 일쑤인 고립감과 부담감을 경감시키는 데에 도움이 되었다. 또한 다른 사람들과 '그 안에 함께' 있다는 느낌을 주었다. 이는 나의 '인생클럽'의 소중한 회원인 동료와 친구들과 관련해서 그러하다. 뿐만 아니라, 나의 계속되는 업무에서 이전 내담자들의 기여를 보다 더 의식하도록 해 준다는 점에서도 그러하다. 그리고 치료자로서 나에게 중요한 것이 무엇인가 생각해 볼 때, 이제 나는 내가 지금 소중하게 간직하는 가치와 헌신을 발전시키도록 나를 격려해 주었던 사람들의 역사를 돌이켜 볼 수 있다. 이 모든 것은 나의 삶과 업무에서, 나에게 중요한 것과 내가 계속 연결되도록 돕는다. 이는 나에게 활력을 준다.

이 질문과 답에 관하여

우리는 이 글이 나오기까지 함께 작업한 로레인 헤드케, 루디 크론비흘러, 캐롤린 마키, 마크 헤이워드, 수 만, 마이클 화이트, 아만다 레드스톤, 질 프리드만, 데이빗 덴버로에게 감사를 표한다.

1. 이 두 질문 세트에 대해서 더 읽고 싶다면, 딜리치센터 웹사이트에 수록된 마이클
화이트의 워크샵 자료를 보시오.
Dulwich Centre website: www.dulwichcetre.com.au

참고문헌

Gergen, K. 1994: *Realities and relationships*. Cambridge: Harvard University
Press.

Hartman, A. 2001: 'Reconnecting with family of origin work.' In Denborough,
D. (ed): *Family Therapy: Exploring the field's past, present and possible
futures*. Adelaide: Duwich Centre Publications.

Morrison, J. D. 2002: 'South African Journey' Social Work Networker: National
Association of Social Workers, Illinois Chapter, vol xxxxi, no. 2, March, pp.
5-7.

Myerhoff, B. 1982: 'Life history among the elderly: Performance, visibility and
re-membering.' In Ruby, J. (ed): *A Crack in the Mirror. Reflective perspec-
tives in anthropology*. Philadelphia: University of Pennsylvania Press.

Myerhoff, B. 1986: 'Life not death in Venice: Its second life.' In Turner, V. &
Bruner, E. (eds): *The Anthropology of Experience*. Chicago: University of
Illinois Press.

Thomas, L. 2002: 'Poststructuralism and therapy - what's it all about?' *The In-
ternational Journal of Narrative Therapy and Community Work*, No. 2.

Morgan, A. 2000: *What is narrative therapy? An easy-to-read introduction.* Adelaide: Dulwich Centre Publications.

Payne, M. 2000: *Narrative therapy: An introduction for counsellors.* London: SAGE Publications

White, M. 1997: *Narratives of Therapists' Lives.* Adelaide: Dulwich Centre Publications.

4장

외부증인 실천:
흔히 묻는 질문들에 대한 답

질문들을 모아서
쇼나 러셀과 매기 커리가 답함.

이 글은 원래 *The International Journal of Narrative Therapy and Community Work*(2003)의 제1호에 게재된 것임.

1 외부증인이란 용어는 무슨 의미인가?

이야기실천 내에서 외부증인이란 치료대화에 초대된 청중이다. 즉 치료자에게 의논하러 온 사람(역주: 내담자)의 선호하는 이야기와 선호하는 정체성 주장을 듣고 인정하기 위해 초대된 제 삼자를 말한다. 외부증인이 될 수 있는 사람들은 크게 다음의 세 부류이다. 첫째, 외부증인은 내담자의 현재 공동체의 일부, 즉 가족이나 친구 등이 될 수 있다. 둘째, 외부증인은 내담자의 공동체의 외부로부터 초대받을 수도 있는데, 이런 경우 전문가들이 외부증인이 될 수 있다(그리고 이들은 많은 경우 *반영팀*으로 알려져 있다). 셋째, 이전에 내담자와 비슷한 어려움 때문에 치료자를 찾았던 사람들 중에서 타인을 치료적으로 도울 것에 동의했던 사람들의 목록이나 등록부로부터 외부증인이 초대될 수도 있다. 외부증인들은 특정 일회성 모임을 위해 출석할 수도 있고, 혹은 함께 일하는 전문가 집단이라면 치료회기마다 규칙적으로 모일 수도 있다.

외부증인이 한 명 이상일 때, 특히 함께 일하는 팀일 때, 팀 멤버들은 반영에 있어서 서로 돕는다. 예컨대 한 외부증인이 말한 후, 이에 대해 다른 외부증인이 질문할 수 있다. 즉 외부증인들 사이에 대화가 이루어지며, 이렇게 함으로써 전체 과정은 보다 의미 있게 된다. 외부증인들 사이의 대화가 이루어지는 동안, 내담자는 이를 듣고 있다.

치료대화에 어떤 사람을 증인으로 참석하도록 하는 것은 매우 의미 깊은 경험이 될 수 있다. 특히 외부증인이 내담자의 이야기를 듣고 특정한 방식으로 대답한다면, 더욱 의미 깊은 경험이 된다. 사례를 들어보자. 조지(13세)는 엄마인 앤이 치료에 데려오기 얼마 전에 자동차사고를 당했는데, 그 이후 잠자는 것을 힘들어했다. 두 번째 회기에서 치료자는 엄마가 외부증인 역할을 하는 가운데에 조지랑 대화하기로 결정했다. 점차적으로 조지는 여전히 자기를 놓아주지 않는 자동차 사고의 기억에 대해서, 그리고 이 트라우마를 벗어나기 위해 다른 사람들의 도움을 받아서 시도했던 여러 방법들에 대해서 이야기할 수 있었다. 조지가 이 모든 단계들을 밟고 있었다는 것이 무엇을 의미하는지 이름을 붙여 보라고 하자, 조지는 이것이 의미하는 바는 자기는 '의지가 강하다'는 것이라고 말했다. 또한 조지는 왜 이 나쁜 기억이 자기를 떠나기를 바라는지에 대해서도 말했다. 그 이유는 자기가 학교공부에서 뒤떨어지고 싶지 않기 때문, 가족에게 짐이 되고 싶지 않기 때문(가족 중에 자동차 사고를 당했던 사람이 몇 명 있음), 그리고 자기는 '삶을 다시 살고 싶기' 때문이라고 했다.

여기에서 치료자는 조지에게 질문하기를 중단하고, 그 대신 엄마를 향해서, 조지가 말한 것 중에서 엄마에게 두드러진 것이 무엇인지 질문했다. 그러자 엄마가 대답하기를, 자기는 딸의 강한 의지, 그리고 '삶을 다시 살기'에 대한 딸의 헌신에 깊은 감명을 받았다고 했다. 이에 대한 치료자의 더 구체적인 질문에, 엄마는 조지의 삶 전체에서 강한 의지의 내력을 추적했다. 엄마는 조지가 아주 어린 시절부터 강한 의지를 보여 줬던 많은 때를 생각해 낼 수 있었다. 또한 엄마는 조지가 열심히 사는 것을 방해하는 것들을 조지 스스로 어떻게 막았는지에 대해서도 생각해 낼 수 있었다. 왜 이 '강한 의지'가 엄마에게 중요한지 묻자, 엄마는 자기의 어린 시절에 대해 이야기했다. 엄마가 어렸을 때, 엄마의 가장 친한 친구가 류마티즘 고열로 여러 달 동안 몹시 아팠다. 조지의 강한 의지에 대한 어떤 것이 엄마에게 이 친구를 생각나게 했고, 어떻게 이 친구가 심각한 병의 영향으로부터 자기 삶을 되찾았는지를 생각나게 했다. 엄마는 언제나 이 친구를 찬탄했고, 그 둘은 오늘날까지 친구로 지내고 있다. 치료자는 엄마에게 다음과 같은 질문을 했다. 즉 딸이 이렇게 말하는 것을 듣는 것이 엄마에게 무엇을 의미하는지, 그리고 여기에서 자기 친구가 생각난 것이 무엇을 의미하는지에 관해서 질문했다. 그러자 엄마가 대답하기를, 이는 자기가 삶에서 가장 소중히 여기는 몇 가지와 자기를 연결시켰다고 했다. 엄마의 이러한 이야기는 조지에게 자부심을 가져왔다. 엄마는 조지에게 요즘 힘들다는 것을 안다고 했다. 그러나 또한 엄마는 조지가 말하는 것을 들으니 엄마와 딸이 함께 이 힘든 시기를 헤쳐나갈 길을 찾을 것을 안다고도 말했다.

치료자가 다시 조지를 향했을 때, 조지는 엄마의 친구의 이야기, 그리고 엄마의 친구가 병으로부터 어떻게 자기 삶을 되찾았는지에 대해 흥미를 느끼는 것 같았다. 치료자는 여기에서 엄마의 친구를 다음 치료회기에 오라고 할 것을 제안했다. 즉 그 엄마친구가 이에 대해 좀 더 말하도록 하고, 조지가 자동차 사고로부터 회복하기 위해 하고 있는 모든 일들을 듣도록 하자고 제안했다. 조지는 이것은 훌륭한 아이디어라고 생각했다. 이렇게 해서 엄마는 열심히 살고자 하는 조지의 강한 의지에 대하여 선호하는 이야기의 외부증인이 되었을 뿐만 아니라, 엄마친구 역시도 조지의 이야기의 외부증인이 되었다. 이후 나쁜 기억은 조지를 떠나갔고, 조지는 '삶을 다시 살기'를 시작했다.

조지가 자기 삶에서 취한 긍정적 행보에 대해서 엄마와 엄마친구가 증인 역할을 하도록 한 것, 그리고 조지의 행동과 관련된 강한 의지를 그들이 인정하도록 한 것은 조지에게 차이를 가져왔다. 이는 조지가 다른 사람들과 연결된다고 느낄 수 있도록 했고, 조지의 고립과 걱정을 감소시켰으며, 조지의 강한 의지와 '열심히 살기'에 대한 이야기가 더욱 풍성해지도록 했다.

내담자의 친구나 가족을 치료회기에 증인으로서 초대하는 것이 의미하는 바는, 내담자가 상담실에서 이룬 진전이 일상생활에서 행동으로 옮겨질 확률을 훨씬 더 높인다는 것이다. 외부증인 실천은 상담실에서 일어나는 일과 그 사람의 나머지 삶 사이를 연결해 준다.

여기에서 염두에 두어야 할 것은, 외부증인들이 무엇을 듣고 무엇을 말할지에 대해서 주의할 필요가 있다는 것이다. 외부증인이 이러한 대화에 사전 경험이 없을 때, 치료자는 외부증인의 반영이 제대로 될 수 있도록 특별한 책임을 가진다. 이는 치료자가 특정 질문을 함으로써 이루어지는데, 이러한 질문들은 이 글에서 나중에 더 자세히 알아볼 것이다.

2 선호하는 이야기에 증인이 있다는 것이 왜 중요한가?

어떤 의미에서, 이야기치료 회기에서 '정의되고' 있는 것은 내담자의 선호하는 정체성이다. 예컨대 조지는 '나쁜 기억' 제거를 돕는 것은 자기의 강한 의지라고 말했고, 치료대화에서 이 '강한 의지'가 풍성하게 이야기되었다. 만약 우리의 선호하는 이야기가 오직 우리의 머릿속에서의 대화로만 남는다면, 이는 '리얼'한 느낌을 가지지 못할 것이다. 의미 있는 청중(이 사례에서는 치료자, 엄마, 엄마친구)이 선호하는 이야기의 증인이 되고 선호하는 이야기에 응답할 때에만, 이 '리얼함' 혹은 '진정함'의 느낌이 올 것이다.

많은 경우 사람들은 자기 삶에 대해서 겪는 곤경과 걱정으로 인해 고립 감과 단절감, 즉 삶에서 특별히 중요할 수 있었던 다른 사람들로부터 고 립되고 단절되었다는 느낌이 커진다. 외부증인 실천은 문제의 영향이 사 람을 고립시키고 개별화시키는 데에 도전한다. 이에 대해 휴 폭스는 다 음과 같이 설명한다.

이야기실천의 기반이 되는 생각은, 우리가 자기 자신에 대하여 말하는 이야기는 사적이거나 개인적인 것이 아니라 사회적인 성취물이라는 것 이다. 아마도 우리 모두는 정체성 주장이 고립되어 이루어지기 어렵다는 것을 알고 있을 것이다. 우리가 자기 자신을 위하여 주장하고 싶은 것을 우리에게 반영해 줄 누군가를, 우리는 찾고 있다. 우리 정체성 주장의 중 요한 부분은 우리가 삶의 기반으로 삼아서 살고 싶은 가치일 것이다. 이 러한 삶의 가치에의 연결을 유지함에 있어서, 같은 마음을 가진 사람들과 가치를 공유하는 것이 가진 힘을 경험해 보았을 것이다. 외부증인들은 다음의 두 목적을 달성하는 것을 돕는다. 첫 번째 목적은 우리의 정체성 주장을 유효한 것으로 인정하기 위함이고, 두 번째 목적은 우리의 삶에서 우리에게 무엇이 중요한지에 관한 이야기를 공유하기 위함이다. 이렇게 함으로써 내담자들은 자기 자신 및 자기의 선호하는 정체성 주장을 인정 공동체(a community of acknowledge)의 일부로서 경험하게 된다.

피오나는 어린 시절 내내 의붓아버지로부터 심한 학대를 당했다. 이 학 대의 영향이 20대에 악몽과 두려움의 형태로 그녀를 붙잡았을 때, 피오나는 상담하러 왔다. 여러 회기 후에 치료자는 피오나에게, 학대피해여성을 위한 지지집단의 회원들에게 다음 회기에 참석할 것을 요청해도 괜찮을지를 물어보았다. 치료자는 다음과 같이 설명하였다. 즉 먼저 치료자가 피오나에게 몇 가지 질문을 하고, 그러고 나서 그 회원여성들이 피오나의 이야기의 증인이 되는 것이 그들에게 어떤 의미인지에 대해서 존중감을 가지고 말할 것이라고 설명했다. 치료자가 초대했던 여성들은 전에도 이런 역할을 충분히 했었고, 피오나의 이야기에서 독특한 결과를 찾으면서 듣는 것, 그리고 대안적 이야기에 초점을 맞추는 것에 능숙했다. 피오나에게 선호하는 이야기는 남동생과의 사랑의 연결에 대한 이야기였는데, 이 연결은 피오나가 학대를 당하는 시기에 피오나를 지탱해 주었다. 피오나가 친절한 마음을 가진 창조적인 사람이라는 것을 주목한 사람은 남동생이었고, 이는 피오나가 자기 자신에 대해 다시 더 연결되고 싶은 이야기였다. 피오나가 지금은 남동생과 연락을 많이 하지 않지만 (왜냐하면 남동생이 지금 해외에 살기 때문), 피오나는 최근 남동생에게 편지를 쓰기 시작한 것에 관해 말했다.

그 집단의 회원여성들이 말할 차례가 되자 그들은 자기의 생각을 말했다. 즉 의붓아버지가 피오나와 남동생을 혹심하게 대했을 때에도 남매가 서로를 어떻게 아끼고 서로에게 어떻게 사랑을 보여 줬는지에 대해서 피오나가 말하는 것을 듣고, 그들이 얼마나 감동 받았는지를 말이다. 그러고 나서, 회원여성들은 왜 피오나의 이야기가 자기에게 중요한지에 대해 각각 말했다. 어떤 여성들은 자기가 학대받았을 때 위로해 주었던 사람들에 관해서 말했고, 피오나의 말을 들은 것으로 인해 자기가 이 과거의 인물들에게 어떻게 다시 연락하기로 결심했는지에 관해서 말했다. 또 다른 여성들은 피오나가 창의성에 대해 설명한 것에 관해 말했고, 피오나의 말을 들은 것으로 인해 자기가 창의성을 추구하는 것에 어떻게 다시 연결되었는지에 관해서 말했다.

이 여성집단의 말에 대해서 피오나가 반영할 차례가 되자, 피오나는 눈물을 흘렸다. 피오나는 이 눈물은 동반자의 눈물이라고 말했다. 피오나는 삶에서 언제나 혼자라고 느꼈다고 말했다. 특히 피오나가 어릴 때 일어났던 일의 유일한 목격자인 남동생이 지금은 멀리 떨어져 있기 때문에, 혼자라는 느낌이 더했다. 그러나 회원여성들의 말을 들으면서, 즉 피오나의 이야기를 듣는 것이 그들에게 의미 깊었다고 말하는 것을 들으면서, 피오나의 혼자라는 느낌은 변화되었다. 지금은 다른 사람들이 자기의 삶을 알고 있다는 것, 그리고 다른 사람들이 피오나의 삶의 이야기를 들음으로써 도움을 받았다는 것이 피오나의 변화를 가져왔다.

이러한 동반의 느낌이 피오나가 상담실을 찾도록 했던 문제인 학대의 지속적 영향을 흩어져 사라지게 하는 데에 중요한 역할을 했다고, 피오나는 설명했다. 피오나의 악몽과 두려움은 약화되기 시작했고, 피오나는 다시 한번 자기 삶의 방향을 결정할 수 있게 되었다.

3 이런 생각과 작업 방식은 어떤 역사를 가지고 있나?

치료대화에 다른 사람을 참여시켜서 듣도록 한다는 생각은 새로운 것은 아니다. 가족 치료의 전통 속에서, 전문가팀은 종종 일방경 뒤에서 가족의 말을 듣고, 치료 모델에 따라서 다양한 개입을 한다. 톰 앤더슨(1987)

의 작업은 이 전문가 팀의 익명성에 도전했고, 반영팀 작업을 어떻게 활용할지에 대해서 일련의 탐색을 시작했다.

이야기치료에서 외부증인 활용은 톰 앤더슨의 반영팀 작업의 발전의 영향을 받았다.[1) 또한 바바라 마이어호프(1982, 1986)의 작업의 영향 역시 강하게 받았다. 바바라 마이어호프는 사람들의 공동체가 자기의 정체성을 적극적으로 구성하는 과정을 묘사하는 데에 '정의예식'이라는 용어를 도입하였다. 마이클 화이트(1995)는 정의예식과 외부증인이라는 아이디어를 치료의 영역으로 가져왔다. 정의예식과 외부증인 작업은 지금은 이야기치료 분야에서 사려 깊은 특정 방식으로 발전되었는데, 다음에 이에 대해서 설명할 것이다. 정의예식과 외부증인 작업에서 여러 다른 실천가들은 그들 자신의 독특한 방식을 개발하고 있다.

4 정의예식이란 무엇인가?

때로 외부증인 작업은 '정의예식'이라고 칭하는 것 안에서 이루어진다. '정의예식'이란 용어는 바바라 마이어호프(1982)가 행한 캘리포니아 베니스의 유대인 노인 공동체에 대한 연구작업에서 유래했다. 이 노인공동체는 그 지역의 어느 주간센터에서 사회적으로 교류했는데, 바바라 마이어호프는 이 공동체의 회원들이 이 센터에서 '자기 자신을 형성하는' 매일매일의 방식에 주목했다. 이 집단은 미국에 이민 온 사람들로서, 과거의 삶과 문화에 대해 증인이 되어 줄, 예전부터 아는 친지나 혈육이 없었다. 그들을 둘러싸고 있는 것은 '이방인들'의 세계였고, 이 '이방인들에게 모든 것을 말해야만 했다'. 이 공동체에 대한 세심한 관찰을 통해서 바바라 마이어호프는 이 사람들의 자기에 대한 정체성이 지속적인 방식으로 구성되는 과정과 실제를 그려낼 수 있었다.

문화가 파편화되고 심각하게 흐트러질 때, 적절한 청중을 찾기가 어려울 수 있다. 자연적인 기회는 제공되지 않을 수 있고 청중들은 인공적으로 만들어져야 한다. 나는 이런 실행을 '정의예식'이라고 칭했다. 정의예식이란, 이 방법 말고 다른 방법으로는 구할 수 없는 청중에게 해석을 선언하도록 구체적으로 의도된, 집합적인 자기정의라는 것을 이해하면서, 이렇게 칭한 것이다(Myerhoff, 1982, p. 105).

바바라 마이어호프의 말에 의하면, *정의예식은… 보여질 기회를 제공하고 자기 자신의 가치, 활력, 존재에 대해 자기방식의 증인을 얻는 것이다*(Myerhoff, 1986, p. 267).

바바라 마이어호프의 이러한 관찰을 따라서, 마이클 화이트는 '정의예식'이란 용어를 자기의 치료업무로 가져왔다. 그리고 사람들의 정체성 주장을 증명하는 데에 있어서 외부증인의 역할에 초점을 맞추기 시작했다.

이야기실천에서 특정한 방식으로 진행되는 정의예식을 통해서,[2] 내담자들은 자기 삶의 선호하는 이야기를 말하고 다시 말하도록, 그리고 이를 참석한 청중과 함께 공유하도록 초대된다. 참석한 청중은 '외부증인'이 되는데, 그들의 역할은 내담자의 선호하는 이야기를 특정한 방식으로 적극적으로 인정하는 것이다.

이야기실천 안에서의 정의예식은 일반적으로 다음의 네 파트로 이루어진다:

제1부: 치료자가 내담자를 인터뷰하고, 그 동안 외부증인은 이를 듣는다. 종종 외부증인들은 일방경 뒤에 앉지만, 꼭 그럴 필요는 없다.

제2부: 외부증인들이 일방경 뒤로부터 나와서 치료자 및 내담자와 자리를 바꾼다. 이제 외부증인들은 제1부의 대화를 들은 것이 무엇을 의미하는지에 대해서 서로 이야기한다.

제3부: 사람들이 다시 자리를 바꾸고, 치료자는 내담자에게, 제2부에서의 외부증인집단의 이야기를 들은 경험에 대해서 물어본다.

제4부: 모든 사람이 다 함께 모여서 자기 경험에 대해서 이야기한다. 그리고 치료자에게 왜 그러한 질문을 했는지 물어볼 기회를 가질 수 있다.

이러한 정의예식은 종종 상담실 내에서 사용된다. 그러나 또한 지역사회의 치료적 모임을 구조화하기 위해 사용될 수도 있다.[3]

5 외부증인은 어떤 종류의 응답을 하는가?

이것은 중요한 질문이다. 여기에서 우리는 외부증인 응답에 대한 생각을 나타내는 두 가지 다른 은유에 초점을 맞출 것이다. 첫 번째 은유는 '호기심과 알 수 없는 것'에 관한 것이고, 두 번째 은유는 '공명과 장소이동'에 관한 것이다.

독특한 결과에 대한 호기심-치료적 질문을 확장시키기

(역주: 치료자들의 반영팀의 경우에 해당함)

이야기실천에서 지난 10년 동안 반영팀의 멤버로서 훈련받은 사람들은, 치료자가 내담자 삶의 진전에 관해서 *합류, 궁금증, 대안적 영역, 해체*에 초점을 맞추는 외부증인 실천의 방향에 친숙할 것이다(White, 1995를 보시오). 예를 들어 외부증인들은 다음과 같이 질문할 수 있다.

캐롤: 짐(역주: 내담자를 가리킴)은 인간관계에서 '불안'의 영향을 약화시키는 데 있어서 정말로 먼 길을 이동했어요. 지금 제가 궁금한 것은, 짐이 이렇게 먼 길을 이동하기 위해 어떻게 스스로를 준비시켰는가 하는 것이에요. 짐이 '불안'의 영향에 저항하기 위하여 준비되기 전에, 어떤 행보를 취했는지 알고 싶네요.

버니: 그래요. 그리고 짐이 그렇게 준비될 수 있었다는 것이 짐에 대해 무엇을 말해 주는지도 알고 싶어요. 짐이 그런 저항을 하는 데에 무엇이 필요했을까요?

이러한 종류의 응답은 대화의 중심에 있는 사람(역주: 내담자)이 자기 삶 및/혹은 인간관계의 대안적 이야기를 부활시키거나 새로 만들도록 초대하는 데에 중점을 둔다. 이런 종류의 질문들은 이야기치료 질문의 영역을 확대시킨다.

내담자가 질문자의 호기심을 학술적인 것이라고 생각하거나 '진실'을 부과받는 것이라고 느끼지 않도록 신중할 필요가 있다. 이를 분명히 하기 위해, 반영팀 멤버들은 그들의 발언이 개인적 경험(역주: 전문가의 경험이 아닌) 안에 위치하도록 유의한다. 예를 들어 캐롤은 다음과 같이 주의 깊게 말할 수 있다. 짐이 '불안'에 저항하도록 스스로를 어떻게 준비시킬 수 있었는지 궁금한 이유는, 짐이 말하는 것을 들으면서 작은 행보들에 주의를 기울이는 것이 캐롤 자신의 삶에서 난관에 대처하는 데에 어떻게 도움이 될 것인지 알고 싶었기 때문이라고 말이다.

> *버니:* 캐롤, 당신은 짐이 '불안'에 저항하기 위해서 무슨 준비를 했는지에 관심을 가지는데, 왜 거기에 관심이 가는지요?
>
> *캐롤:* 글쎄요, 짐이 말하는 것을 들으면서, 나 자신의 삶에서 어려움에 대응했던 방식들에 대해서 몇 가지를 알게 되었어요. 예를 들어 많은 청중들 앞에서 말할 때마다 나는 긴장하곤 해요. 그런데 짐이 자기 삶에서 '불안'에 눌리지 않고 대처하기 위해 어떻게 신중하게 접근했는지를 들으면서, 나도 나의 불안에 맞서기 위해 뭔가 할 수도 있겠다는 새로운 자극이 되었어요. 나는 짐이 했던 준비, 다시 말해서 짐이 자기 삶에서 '불안'의 영향에 대항하기 시작하기 전에 취했던 작은 행보들에 대해서 좀 더 알고 싶어요. 왜냐하면 나도 어려움에 대처하기 위한 어떤 행동을 취할 수 있다면, 이는 짐이 취했던 이 작은 행보랑 같은 영역에 있을 거라는 생각이 들거든요.

외부증인들이 호기심을 가지고 응답하면서 인터뷰의 중심에 있는 사람(역주: 내담자)의 삶의 대안적 이야기의 발전에 대해 물어볼 때, 그리고 이러한 발전이 그 사람의 정체성 면에서 무엇을 의미할 수 있는지에 대해서 물어볼 때, 이는 대안적 이야기를 보다 풍성하게 묘사하는 데에 기여할 수 있다. 인터뷰의 중심에 있는 사람에게는 더 많은 후속 질문들, 그리고 탐구할 많은 길들이 남아 있을 것이다.

공명과 이동을 인정하기(역주: 치료자가 아닌 외부증인들의 경우에 해당함)

여러 해에 걸쳐서 외부증인 실천이 행해진 동안, 이러한 대화의 중심에 있던 사람들은 지속적으로 다음과 같이 보고했다. 자기에게 가장 강력했던 것은 '외부증인들이 자기의 이야기를 듣고 얼마나 감명받고 감동받았는지를 설명할 때, 특히 외부증인들의 감명이 외부증인의 삶이나 업무에서의 사건에 관련해서 설명될 때였'고 말이다.

외부증인들이 자기들이 목격한 것에 얼마나 감명받았는지를 인정할 때, 왜 그러한지를 설명할 때, 그 결과로 자기들의 삶이 어떻게 달라질 것인지를 예상할 때, 이는 종종 강력하게 치료적이다. 외부증인들의 이러한 종류의 응답에 대응해서, 대화의 중심에 있는 사람은 다음과 같이 말할 수 있다. '내가 지나 온 시간들이 아무 소용도 없는 것이 아니라서 기쁘다', '나의 이야기가 다른 사람들에게 유용할 수 있다는 것이 기쁘다' 혹은 '내 이야기를 말하는 것이 다른 사람들에게 혜택을 줄 수 있다고는 전에는 결코 생각해보지 않았'다'라고 말이다.

한때는 외부증인 실천의 주된 방향이 '호기심'에 속해 있었다면, 지금은 공명과 이동의 은유가 우선시되고 있다. 지금은 외부증인 작업은 반영팀의 치료질문을 확장하기보다는, 외부증인과 주인공이 서로 공유되는 주제와 가치를 중심으로 서로의 삶을 연결할 기회라고 간주된다.

이러한 공명과 이동의 은유에 관련해서, 우리는 마이클 화이트(2002)의 외부증인 실천 '지도'를 여기에서 제시하였다. 이 '지도'는 외부증인 응답의 4가지 범주를 설명한다.

1. 표현을 확인하기(Identifying the expression)

정의예식의 중심에 있는 사람의 삶의 이야기를 들을 때, 어떤 표현이 당신의 주의를 끌거나 당신의 상상력을 사로잡았나요? 어떤 표현이 당신의 마음에 와 닿았나요?

2. 이미지를 묘사하기(Describing the image)

위의 표현은 그 사람의 삶, 그 사람의 정체성, 보다 일반적으로는 세상에 관해서 어떤 이미지를 불러일으켰나요? 이 표현은 그 사람의 목적, 가치, 믿음, 희망, 꿈, 헌신에 관해서 당신에게 무엇을 말해 주나요?

3. 반응을 현실로 연결시켜 구체화하기(Embodying reponses)

　(역주: 공명)

위의 표현이 왜 당신의 주의를 끌고 당신의 마음에 와 닿았나요? 당신의 삶/업무에서 이를 설명할 수 있는 것은 무엇인가요? 당신 삶의 경험 중 어떤 부분이 위의 표현과, 그리고 이 표현이 불러일으킨 이미지와 공명했나요?

4. 지점 이동을 인정하기(Acknowledging transport)

이러한 삶의 표현에 당신이 증인으로 입회한 경험으로 인하여 당신은 어떻게 달라졌나요? 만약 당신이 이 대화의 청중으로서 이 표현을 목격하지 않았더라면 도달하지 못했을 그 어떤 곳으로 이동했나요? 이 표현을 목격함으로써, 그리고 이 이야기에 당신이 지금 반응함으로써, 당신은 예전과는 다른 어떤 사람이 되었나요?

다른 사례에 대해서 생각해 보자. 에드는 18세 아들과의 관계가 걱정되어서 상담하러 온 아버지이다. 에드의 아들의 삶은 약물에 점령당하고 있었다. 에드의 치료자는 동료치료자들과 서로의 치료회기에서 외부증인 역할을 하는 방식으로 치료업무를 하는 사람이다. 따라서 에드의 사례에서는 외부증인 역할을 하는 다른 치료자들의 반영팀이 있다.

이 치료대화의 초기(정의예식의 제1부)에, 에드는 아버지로서 느끼는 상실감, 즉 예전에는 아들과 대화를 했지만, 지금은 예전같이 아들과 대화하지 못하는 상실감에 대해서 이야기했다. 또한 에드는 약물이 자기와 아들과의 연결을 방해하려 할지라도, 아들과 연결을 지속하는 것이 왜 자기에게 중요한지를 설명했다.

여기까지 대화하고 나서, 에드와 치료자는 반영팀과 자리를 바꾸었다. 에드의 말을 들으면서, 반영팀의 일원인 해리는 자기 마음에 떠오른 어떤 이미지에 감명받았다. 그 이미지는 약물(이 이미지 속에서 무서운 생물로 그려짐)이 아버지와 아들 사이를 갈라놓으려고 술수를 쓸 때 아버지가 이들 옆에 가까이 다가서 있는 모습이었다. 해리는 자기가 왜 이 이미지에 이렇게 감명받았는지 그 이유를 확신하지는 못했다. 그러나 이 이미지가 자기와 두 아들과의 부자관계와 상관있다고 생각했다. 어떻게 상관있는지는 잘 알 수 없었지만 말이다. 반영팀에서 해리는 자기가 말할 차례가 되자 이 이미지를 대략적으로 묘사했다. 그리고 자기가 느낀 감정이 강렬했기 때문에 이 이미지를 말하고 싶었다고 덧붙였다. 반영팀의 일원인 맨디는 해리의 동료인데, 해리에게 아들과의 관계가 얼마나 중요한지 알고 있었다. 맨디는 해리에게 일련의 질문을 했고, 이를 에드와 치료자는 듣고 있었다.

맨디: 에드의 말을 들은 것 중에서 특히 무엇이 당신에게 떠오른 이미지와 연결될까요?

해리: 글쎄요. 그건 아마도, 에드가 자기를 강하게 붙잡고 있었던 약물의 무서운 영향에 대항해서 얼마나 확고하게 자기 소신을 지키고 있었는지를 제가 주목했던 거예요. 에드가 말한 대로, 제가 오랫동안 기억할 구절은, '그 아이는 내 아들이 아니라고 내가 믿도록 약물이 아무리 애를 써 봐도 나는 절대로 속아 넘어가지 않겠다'고 한 에드의 말이에요.

맨디: 에드의 이야기 중 특히 이 말에 당신을 그렇게도 강하게 연결시킨 것은, 당신 삶 중에서 무엇일까요?

애드: 글쎄요… 나에게도 에드의 아들과 비슷한 나이의 아들이 둘 있는 것을 아시잖아요. 약물이 에드의 아들의 삶에 큰 부분인 것만큼, 내 아들들의 삶에 그 정도로 크지는 않지만, 그 아이들의 삶에 어떤 일이 일어나더라도, 그리고 그 일이 주는 아픔이 얼마나 클지라도, 그 아이들은 언제나 내 아들이라는 것을, 나도 에드처럼 분명히 할 수 있기를 바라는 마음이지요.

맨디: 에드처럼 이렇게 하기 위해서 무엇이 필요하다고 생각하세요?

해리: 휴! 많이요. 아들에게 솔직함이겠지요. 그리고 아들을 나쁜 사람이라고 판단하지 않으면서 약물에 반대입장을 분명히 하는 것이요. 또 사랑, 많은 사랑이 필요하지요. 그리고 아들이 약물을 이겨낼 수 있지만 그러기 위해서는 도움이 필요하다는 지식… 내가 생각하는 이런 모든 것들이, 나에게는 아버지로서 중요해요.

맨디: 에드의 이러한 일들을 듣고 목격한 것이, 당신에게, 그리고 당신의 부자관계에 지금 어떤 차이를 가져올 거라고 생각하시나요?

해리: 나와 아들 사이가 불편해질 때마다 내가 가져올 이미지가 생겼다고 생각되네요. 이 이미지는 문제가 무엇이건 간에 내 아들들은 내 아들들이고, 부자 사이를 막을 것은 아무 것도 없다는 내 믿음이 흔들리지 않을 거라고 나를 확신시켜 줄 거예요.

이제 에드에게 말할 기회가 왔다. 해리 및 다른 팀멤버들의 반영이 에드에게 무엇을 의미했는지 묻자, 에드는 자기의 결정에 더욱 자신감을 느낀다고 답했다. 또한 자기와 아들에 대한 어떤 것이 해리에게 무언가를 줄 수 있다는 것에 자부심을 느낀다는 것, 그리고 근래에는 이러한 자부심을 느껴보지 못했었다는 것을 말했다. 에드는 자기가 새로워진 희망의 느낌을 가지고 이 치료 회기를 떠날 거라는 것, 그리고 아들이 이 어려운 시간을 지나는 동안 이 희망을 붙들고 있는 것이 자기의 일이라는 것을 안다고 말했다. 또한 에드는, 만약 자기가 해리의 말을 기억한다면 희망이 자기 옆에 오는 것이 더 쉬울 것이라고 말했다.

외부증인들이 반영할 때 가장 중점적으로 고려해야 할 것은, 그들이 말하는 것이 그 회기의 주인공을 위한 것이란 점이다. 주인공의 어떤 특정 발언이 외부증인을 어디로 이동시켰고 왜 그런지에 대한 설명을 통해서, 외부증인은 종종 자기 삶의 어떤 부분들에 대해서 이야기하게 된다. 이때 이 대화가 주인공에게 계속 되돌아오도록 하는 것은 외부증인집단 전체의 책임이다. 위의 예에서 맨디는 해리의 말이 에드가 말했던 것에 직접적으로 연결되도록 끊임없이 주의를 기울였다.

외부증인들이 이런 방식으로 반응할 때, 실제로 그들은 자기의 삶과 내담자의 삶을 연결하고 있는 것이다. 이것은 그냥 연결이 아니라, 공유된 가치와 헌신을 중심으로 하는 사려 깊은 연결이다. 예컨대 해리는 부모로서의 어떤 헌신, 즉 아버지로서 아들과 관계 맺는 특정 방식에 관련하여, 자기의 삶을 에드가 말한 이야기에 연결시켰다. 이 글의 첫 번째 사례에서도 이러한 연결이 이루어졌다. 즉 삶을 살아가는 것에 대한 조지의 강한 의지, 그리고 조지 엄마의 친구가 어렸을 때 병으로부터 나으려는 강한 의지에 대한 헌신, 이 둘의 연결이 이루어진 것이다. 이렇게 공유된 주제를 중심으로 연결을 이루는 것은 대안적 이야기와 정체성을 풍성하게 묘사하는 데에 기여한다. 예컨대 조지의 강한 의지는 역사를 가지게 되고, 다른 사람과의 연결을 이루게 되었다. 이는 조지가 트라우마로부터 회복하려는 노력에 있어서 조지를 지원하고 지탱해 주었다. 그리고 에드의 경우, 따스하게 돌보는 아버지로서의 자의식은 반영팀에서 더욱 풍성하게 묘사되었다. 해리의 반영을 듣는 것은 에드에게, 자기가 아버지로서 지키고자 하는 것에 자기 행동이 어떻게 연관되는지에 대한 강력한 인정이 되었다. 이 역시 에드를 지탱시켜 주었다.

요약하면, 공명과 이동의 면에서 외부증인 반응에 대해서 생각해 볼 때, 우리가 염두에 두어야 할 고려점은 다음과 같다.

○ 무엇이 나를 감동시켰나?
○ 나 자신의 삶과 경험 중 무엇으로 인해 내가 이런 식으로 감동되었다고 보는가?
○ 나의 생각이나 삶의 경험에서 나는 어떤 지점으로 이동되었는가?
○ 이 새로운 지점으로 이동됨으로 인해서, 나의 삶이 어떻게 달라졌나?

치료자가 사람들을 어떤 대화에 외부증인이 되어달라고 초대할 때, 치료자가 그들에게 어떤 질문을 할 것인가도 초대에 포함되어 있다. 이 질문들은 외부증인의 반영이 궤도에서 벗어나지 않고 그 안에 머물도록 해 준다.

6 외부증인 실천에서 흔히 일어나는 위험은 무엇이며, 이런 위험들을 어떻게 피할 수 있을까? 이에 대한 유용한 힌트가 있나?

외부증인 실천에는 일련의 기술이 있다. 만약 외부증인집단의 경험과 훈련 정도가 깊지 않다면, 치료자가 외부증인집단을 준비시킨 후 그들의 유용한 반응을 이끌어내도록 면담하는 책임을 질 수도 있다. 혹은 만약 외부중인 집단의 경험이 많다면, 집단원들이 덜 유용한 반응을 보다 유용한 반응으로 방향을 바꾸도록 서로 인도하는 질문을 함으로써, 그 과정에 서로 함께 책임을 질 수도 있다.

다음으로 외부증인 실천을 하는 사람들이 초기에 종종 어려워하는 문제들과 관련하여 몇 가지 유용한 힌트를 제시하고자 한다. 이 힌트들은 여러 명의 치료자들의 다양한 응답을 모은 것이다.

칭찬하는 것을 피하기

외부증인 실천이 내담자들의 삶의 지식, 기술, 가치, 헌신을 인정하는 것과 전적으로 연관되기는 하지만, 이런 것들을 칭찬하는 것은 아니란 점을 나는 종종 기억해야 한다. 나는 사람들의 긍정적인 면을 지적하거나, 사람들이 취한 전진에 대한 축하에 종종 쉽게 빠진다. 나는 좋은 의도로 이렇게 한다. 그러나 칭찬하는 것이 때로는 내가 뭔가를 베풀거나, 심지어는 가르치려 든다고 내담자에게 경험될 수 있다는 것을 알게 되었다.

내가 칭찬이나 축하를 할 때, 이는 마치 내가 무엇이 옳은 방향인지 결정하는 입장에 있는 것처럼, 삶의 긍정적인 행보가 무엇인지 결정하고 있는 것과 같다. 내가 누군가의 행동을 칭찬할 때, 이는 일종의 판단이다. 즉 나는 그 사람이 하는 일이 좋은 일이라고 판단하고 있는 것이다. 그러나 이는 기준을 내포하고 있는 것이며, 내가 이 기준에 의거하여 행동을 판단하고 있는 것이다. 이는 또한 그 사람이 이 기준에 도달하는 데에 실패할 수 있는 가능성을 내포하고 있다. 다른 때에 나는 그들의 수행이 안좋았다고 말하거나, 혹은 아무 언급도 하지 않음으로써 그들의 수행이 안좋았다는 것을 암시하게 될 것이다. 이는 어쩌면 그 사람으로 하여금 '나를' 기쁘게 하기 위해서, 혹은 '나의' 기준이나 가치에 도달하도록 애쓰게 만들지도 모른다. 이는 심지어 내가 의도하지 않았을지라도 사람들이 '나의' 기준과 가치에 따라서 자기판단과 자기모니터링을 하도록 이끌 수도 있다.

또한 칭찬이란, 내가 사람들의 행동을 판단하는 입장에 있고 따라서 내 입장이 그들보다 우위에 있다는 메시지를 가지고 있다. 그래서 칭찬은 마치도 가르치는 것으로, 그리고 우월성을 표현하는 것으로 읽힐 수 있다. 이것이 내가 외부증인이 된다는 것에 관하여 가장 어렵게 깨달은 것이다. 그저 칭찬하는 것이 아니라 그 사람의 이야기를 듣는 것이 내게 어떤 의미였는지를 말하는 것, 왜 그런지 말하는 것, 이것이 어떻게 나의 삶이나 업무의 어떤 부분을 움직이고 감동시키고 격려하거나 영감을 주었는지를 설명하는 것을 기억하는 것, 이것이 중요하다.

분명히, 칭찬은 역할이 있다. 만약에 피아니스트가 리사이틀이 끝나고 청중의 찬사나 박수가 없다면 실망할 것이다. 그러나 치료 상황에서, 그리고 대부분의 다른 상황에서 지금의 나는 칭찬을 보내는 것을 피하려고 노력한다. 그리고 인정을 다른 방법으로, 즉 다른 사람의 삶이 나의 삶에 미친 긍정적 영향과 그 이유를 인정하는 방법으로 행하고자 한다. 반대로 내 주위에 있는 사람들 입장에서도 이러한 인정을 보다 더 잘 받아들인다는 것을 알게 되었다(칭찬은 종종 빨리 잊혀지는 경향이 있다). 그리고 이러한 인정은 내가 사람들과 어떤 관계를 맺고 싶은지와 더 잘 부합한다. 그러나 이는 여전히 쉽지 않을 때가 있고, 내가 계속해서 노력해야 할 부분이다. 내가 반영팀에 있을 때, 나는 다른 팀 멤버에게 요청한다. 혹시라도 내가 또 칭찬하기에 빠지는 것처럼 들리는 경우에는 나에게 질문을 해 달라고 말이다.

충고하기에서 벗어나기

만약 주의하지 않는다면, 나는 내가 지금 막 말한 사람(역주: 내담자)에게 충고하고 싶어 하거나 문제를 즉석에서 '해결하고자' 한다는 것을 안다. 심지어 나는 때로 충고를 질문으로 풀어서 말할 수도 있다. 즉 '제인이 이렇게 하는 것에 대해 생각해 본 적이 있는지 궁금하네요…?'와 같이 말이다. 그러나 실제로 이것은 질문이 아니고, '나는 제인이 이렇게 해야 한다고 생각해요…!'라고 말하는 것이다. 또한 어떤 사람이 나랑 정말로 관련 있는 이야기를 할 때 내가 더 이렇게 하는 경향이 있다는 것도 알게 되었다. 이때가 바로 내가 충고하기 가장 쉬운 때이다. 이는 마치도 나도 비슷한 일을 겪었기 때문에 그 사람에게 가장 좋은 것이 무엇인지 안다는 생각이 갑자기 드는 것과 같다.

그러나 나는 나 자신을 타인의 인생에 대한 전문가로서 설정하고 싶지는 않다. 지금은 내가 강력한 이야기의 증인이 될 때마다, 충고를 하지 말 것, 그리고 단순히 그 이야기가 왜 나에게 감동적인지에 대해서 말할 것을 나에게 상기시킨다. 또한 나는 반영팀의 다른 멤버들에게 의지하여, 이에 관해 나에게 더 질문해 달라고 요청할 수 있다는 것을 안다.

대안적 이야기에 귀 기울이기

외부증인의 역할은 어떤 사람의 삶에서 선호하는 이야기, 즉 대안 이야기 쪽으로 특별히 더 관심을 기울이는 것이다. 만약 그 사람이 어려웠던 때에 대해서도 말하고 독특한 성과에 대해서도 말한다면, 우리의 책임은 떠오르는 대안적 이야기에 우리의 에너지의 초점을 맞추는 것이다. 이는 우리가 그 사람의 어려움을 무시한다는 의미가 아니며, 그 사람의 어려움의 중요성을 충분히 인정할 방법을 찾는 것은 중요하다. 그러나 이것이 의미하는 바는 그 문제에 관해 단순히 돌이켜보는 것에 빠져들지 않도록 주의해야 한다는 것이다. 나는 이에 대해 전부터 알고 있었지만, 요즘 점점 더 많이 주의를 기울이고 있다.

팀워크 이루기

다른 모든 상황과 마찬가지로, 외부증인팀의 팀워크를 발전시킨다는 것은 시간을 요할 수 있다. 다른 팀 멤버에게 질문함으로써 기여하거나 팀 내의 대화를 발전시키려고 하기보다, 때로는 모든 사람이 자기주장을 하고 싶어 할 때가 있다.

만약 팀이 크다면, 모든 사람이 자기 이야기를 할 시간이 충분히 돌아오지 않을 경우가 종종 있다. 예전에 나는 언제나 내 의견을 말하려고 서둘렀다. 그러나 요즘에는 우리가 외부증인으로서 집합적으로 좋은 반응을 확실하게 하는 것에 더 관심을 가지게 되었다. 이것이 의미하는 바는, 다른 사람들의 코멘트에 기반을 두는 것, 질문하는 것, 대화를 좀 더 만들어내려고 의식한다는 것이다. 또한 내가 이러한 관심에 주의를 기울이는 한, 내가 그 자리에 있는 것 자체가 의미 있다는 것을 나는 점점 더 알게 되었다. 나의 개인적인 공헌은 집합적인 공헌만큼 중요한 것은 아니다.

내가 얼마나 말하는지에 신경 쓰기

나는 긴장하면 가끔 말을 너무 많이 한다. 나 혼자 말하게 되는 것이다.

우리가 외부증인일 때 너무 길게 말하는 것은 결코 좋은 것이 아니다. 길게 말하는 것은 자기가 전부 아는 것처럼, 그리고 그 사람에게 무엇을 하라고 말하는 것처럼 들리기 쉽다. 말을 너무 많이 하는 위험을 줄이기 위해서, 나는 항상 팀에서 미리 준비를 갖춘다. 즉 만약 내가 조금이라도 말을 길게 하면, 다른 외부증인들 중 한명이 나를 중단시키고 나에게 질문을 하기로 하는 것이다. 이렇게 함으로써 반영 과정은 서로 다른 연설들의 연속이 아니라, 보다 더 대화처럼 된다.

나 자신의 이야기에서 길을 잃지 않기

나는 전에 외부증인으로서 길을 잃었던 때를 기억한다. 즉 인터뷰의 주인공이 어릴 때 외로움의 경험에 대해서 말하고 나서 외부증인이 반영할 차례가 되었을 때, 나는 그만 나 자신의 외로움의 경험에 대해서, 그리고 이것이 내게 무엇을 의미했는지에 대해서 계속해서 길게 말했던 것이다. 그러면서 나는 그 주인공의 대안적 이야기에 관련을 갖지 않았고, 심지어는 주인공이 말했던 것으로 인해 내가 실제로 어떻게 이동했는지에 대해서조차도 이야기하지 않았다. 나는 그저 나 자신의 이야기를 했고, 그게 내 이야기의 중심이 되었다. 나중에 생각해 보니, 이건 무척이나 난감한 일이었다. 그러나 매우 흔한 일이기도 하다. 지금 나는 언제나 이에 대해서 훈련집단에게 말한다. 이런 일이 일어나지 않도록 확실히 하는 것은 외부증인 집단 전체의 책임이다. 만약 어떤 외부증인이 자기 자신의 삶의 내력에 대해서 좀 흥분하는 경우에는(이건 있을 수 있는 일인데), 질문을 통해서 초점을 주인공에게로 되돌리는 것은 다른 외부증인들에게 달려 있다.

내력을 기억하기

치료대화에 관해서 가장 강력한 것들 중 하나는 내력을 추적하는 것, 즉 우리 삶에서 왜 어떤 일이 우리에게 중요한지를 설명해 주는 이야기들이다. 어떤 사람의 행동에 대해서 단순히 그 사람을 칭찬하는 것은, 왜 그의 이야기가 나에게 어떤 것을 의미했는지를 내력의 면에서 설명하지 않는다. 나는, 우리가 누구인지를 형성하는 데 있어서 내력의 역할에 계속 초점을 두고자 한다. 내가 내 삶의 내력에 관해서 말하는 것과 주인공이 말했던 중요한 것들을 연결시키는 것을, 나는 언제나 기억하고자 한다.

내 가치를 부과하지 않도록 유의하기

내가 정말로 계속 알아차리고 있어야 하는 것들 중의 하나는, 나의 반영이 나도 모르게 우리 사회의 '규범들'을 재생산하지 않고 있다는 것을 확실히 하는 것이다. 즉 나는 우리 사회의 규범이나 나의 가정에 의거해서 반영하는 것이 아니라, 주인공이 자기의 가치에 대해서 실제로 말한 것에 대해서 반영하고 있다는 것이 중요하다. 내가 의미하는 바는, 우리는 주인공이 실제로 분명하게 말하지 않았는데도 그가 어떤 특정 사건에 대해서 기뻐할 것이라고, 혹은 어떤 특정 목표를 성취하기를 바랄 것이라고 쉽게 가정한다는 것이다. 우리 모두는 서로 다른 방식으로 삶을 살아간다는 것을 나는 항상 기억할 필요가 있다. 만약 내가 어떤 사람이 내가 원하는 것을 원한다고, 혹은 내가 꿈꾸는 것을 꿈꾸고 있다고 가정한다면, 외부증인 반응에서 나는 큰 실수를 할 수 있다. 내 삶이 기반을 두는 나의 가정들을 계속 해체한다는 것은 많은 연습을 필요로 한다. 그러나 이렇게 내 가정들을 해체하는 것은, 다른 사람들의 삶의 증인으로서의 나의 업무에 정말로 도움이 된다. 오직 그 사람이 말한 가치, 희망, 꿈에 대해서만 주목하여 언급하는 것, 최소한 주인공이 명확히 말하지 않은 가치에 대해서는 가정하지 않는 것에, 나는 전에 비해 더욱 확고해졌다.

반영을 비교하지 않기

외부증인 실천의 주인공은 반영팀 중 어느 외부증인의 반영이 자기에게 가장 의미 있었는지에 대해서 반응할 기회를 가진다. 이 때 주인공의 반응이 외부증인들의 유용성이나 기술에 대한 판단이나 평가에 관한 것이 아니란 점을 기억하는 것이 중요하다고, 나는 알게 되었다. 외부증인으로서 우리는 어떤 이미지나 연결이 주인공에게 가장 의미 있을지 알 수 없다. 이는 이 과정의 예상 불가능성의 일부이다. 치료자는 어떤 외부증인의 반응이 주인공에게 왜 의미 있는지에 대한 질문을 할 것이고, 이는 주인공의 삶과 정체성을 다시 이야기하는, 계속되는 과정의 일부이다. 우리가 배워야 할 기술이 있고, 따라야 할 지도가 분명히 있기는 하다. 그러나 우리가 외부증인으로서 반영의 상대적 유용성에 관해서 경쟁이나 비교에 붙잡혀 있는 것은 도움이 안 된다는 것을, 나는 항상 기억하고자 한다.

무엇을 들을 것인지에 관해서 생각하기

내가 반영팀의 일원으로 일방경 뒤에 앉아 있을 때, 때로 너무 많은 것들이 오가서 무엇을 들어야 할지에 대해서 혼란스럽다. 이럴 때, 마릴린 오닐이 개발한 일련의 되짚어주는 질문들이 매우 유용하다는 것을 알게 되었다. 지금 나는 일방경 뒤에 있을 때 이러한 질문들을 나 자신에게 하려고 노력한다.

- 주인공이 지금 말해지고 있는 이 이야기를 살아가기 위해서, 그리고 이 이야기를 사는 맥락에서 무엇이 필요했는지에 대해서, 나는 무엇을 가장 높이 인정하는가? (혹은 무엇을 충분히 인정하지 않는가?)
- 이 이야기는 어떤 방식으로 나에게 도전을 주고 내 삶을 앞으로 이동시키는가?
- 이 이야기를 살고 말하는 사람들은 어떤 방식으로 나를 감동시키고 격려하고 영감을 주는가?
- 이 이야기의 발달에 대해서(나타난 가치, 의도, 원칙 등), 나는 무엇을 높이 인정하고 싶은가? 혹은 무엇을 나 자신의 삶에 가져오고 싶은가?

이러한 질문들은 내가 반영을 준비하는 데 있어서, 지금 진행되는 이야기를 듣는 방향을 잡는 데에 도움을 준다.

비밀보장과 사생활

우리 직장에서는 비밀보장과 사생활에 대한 질문에 대해서 많이 생각했다. 그 동안 상담치료 분야에서는 회기 내에 말해진 그 어떤 것도 비밀이 보장되어야 한다는 믿음이 있어 왔다(수퍼비전 혹은 자해나 타해 가능성이 있는 경우는 예외로 하고). 그러나 사람들의 삶에서 선호하는 이야기나 대안적 이야기에 대하여 더 많은 청중이나 증인의 가치를 깨닫게 되면서, 우리는 이러한 믿음에 대해 다시 생각해야만 했다. 젊은이들과 함께 일함에 있어서, 외부증인들이 이 젊은이들의 이야기를 듣도록 하는 것이 얼마나 중요한지, 그리고 이것이 어떻게 젊은이들이 살아가는 방식, 삶의 기술, 희망, 꿈 등을 강력하게 인정하는지를 우리는 알게 되었다.

어떤 젊은이가 자기 삶에서 매우 긍정적인 행보를 내디뎠을 때, 예를 들어 새 기술을 배웠거나, 약물 등으로 인해 고통받았던 인간관계를 되찾기로 했을 때, 우리는 이 '좋은 소식'이 널리 유포되도록 하는 방법을 찾는 데에 관심을 가진다. 즉 외부증인 실천이라든지, 미술이나 비디오나 노래를 통해서 말이다. 치료자의 비밀보장에 대한 전통적인 이해로 인하여 이러한 '좋은 소식'의 이야기가 널리 퍼지는 것이 제한될 수는 없었다.

우리가 관심을 가지는 것은, 외부증인 실천회기 이후 그 내용 중 무엇이 말해질 것이고 무엇이 말해지지 않을 것인지에 대해서, 그 회기 전에 미리 협상하는 데에 주의를 기울이는 것이다. 외부증인들은 자기가 참여했던 대화에 감명받기 때문에, 그들은 그 회기에서의 대화를 다른 사람들과 공유하기를 원할 수도 있다. 그래서 우리는 그 이야기의 주인공이 누구인지 밝히는 것을 피하고 주인공의 사생활을 보장하면서도 어떻게 외부증인들이 이 이야기를 타인과 공유할 수 있을지를 토의한다. 한 번의 외부증인회기에서도 수없이 많은 반향과 되울림이 있을 수 있다. 그 대화의 주인공은 삶에서 추구할 새로운 방향을 희망적으로 가질 것이고, 말해진 것을 다른 가족원과 친구들과 공유하고 싶어 할 수 있다. 또한 외부증인 역시 그 대화를 통해서 자기 삶의 역사와 자기에게 중요한 것에 대해서 새로운 결론에 도달했고, 이에 관해 자기가 아끼는 사람들에게 말하고 싶어 할 수 있다. 이런 경우 주인공의 이름 등 신원을 알 수 있는 세부사항에 대해서는 비밀보장이 지켜지지만, 대화의 주제나 결과는 보다 널리 공유될 수 있다고 결정할 수 있다.

위와 같은 협상에 대한 대화는 회기의 시작에 할 수도 있고 끝날 때 할 수도 있다. 이러한 협상의 결과가 관계된 모든 사람에게, 그리고 우리가 생각할 수 있는 더 넓은 범위의 청중에게 관련될 수 있다는 것을 생각할 때, 이러한 협상은 종종 매우 소중한 대화가 된다.

7 외부증인 실천을 하는 상황에는 어떤 것들이 있는가?

앞에서도 언급한 바와 같이, 외부증인은 전문가일 수도 있고, 내담자의 친구, 연인, 부모, 자녀일 수도 있다. 때로는 학생이나 실습생일 수도 있다. 외부증인 실천을 할 수 있는 방식과 상황은 다양하다. 다음에서는 외부증인 작업이 실행되는 여러 다양한 방식들을 간략히 제시하고자 한다.

○ 나는 외부증인 실천에 종종 수반되는 즐거움을 즐긴다. 나는 내가 상담했던 작은 소녀를 기억한다. 그 아이의 이름은 펄이고 네 살이었는데, 자기의 '남아도는 눈물'(펄이 불필요하다고 결정했던 그 눈물)을 조절하는 데에 어려움이 있었다. 펄이 이 귀찮은 눈물을 자기 삶에서 내보내고 싶다고 결심했던 그 날, 나는 펄과 비슷한 문제를 가졌던 같은 나이의 소녀 밀리를 기억해 냈다. 펄과 펄의 엄마는 내 사무실에 있었는데, 나는 그들에게 내가 밀리에게 전화를 걸어도 되겠는지 물어봤다. 펄에게 무슨 일이 일어나고 있는지에 대해서 내가 밀리에게 말하는 동안, 펄과 펄의 엄마는 이 대화를 놀라움 속에서 스피커폰으로 들었다. 밀리는 따스한 외부증인이었다. 나는 밀

리에게 몇 가지 질문을 했고, 그 답을 통해서 밀리는 펄과 비슷한 문제에 자기가 어떻게 대처했는지에 관한 자기의 이야기를 할 수 있었다. 밀리가 펄에게 무언가를 줄 수 있다는 것에 대해 느끼는 즐거움을 우리는 밀리의 목소리에서 들을 수 있었다. 이는 펄에게 전환점이 되었고, 이때 이 두 소녀의 우정이 시작되었다. 현재 이 두 소녀는 정기적으로 그림과 편지를 주고받는다.

○ 과거에 폭력을 저질렀지만 지금은 타인을 존중하고 돌보는 삶을 살고자 적극적으로 노력하는 남성들의 외부증인집단을 만들려고, 우리는 현재 시도하는 중이다. 이러한 시도가 앞으로 우리를 어디로 이끌지에 대해서 우리는 희망을 가지고 있다. 이런 희망 속에서 우리는 이 새로운 시도에 시간과 노력을 들이고 있다. 우리가 바라건대 미래 언젠가는, 이 남성들의 외부증인집단이 다른 남성들의 폭력 중단 노력을 위한 새로운 행보에 증인이 되어 주기를 기대하고 있다.

○ 외부증인 실천은 정말로 창조적일 수 있다. 정의예식 은유를 중심으로 조직된 지역사회모임에서, 때로 음악과 노래가 외부증인 실천의 일부가 될 수 있다. 사람들이 대화에서 사용하는 말들은 가사로 바뀔 수 있고, 그리고는 이 가사로 노래를 부르고 녹음으로 남길 수 있다. 또한 이러한 노래들을 지역사회에서 공연하는 것도 가능하다. 노래가 진정한 대안적 이야기로 기록될 때, 이는 변화의 지속에 대하여 매우 의미 있는 희망이 될 수 있다. 만약 많은 사람들이 이 녹음을 듣는 데에 초대된다면, 이는 마치 점점 더 많은 사람들이 지금 일

어나고 있는 긍정적 발전을 목격할 수 있는 것과 같다. 비디오 또한 이 목적을 위해 사용될 수 있는 또 다른 도구이다 (이러한 실천의 예를 보려면, www.dulwichcentre.com.au/CommunityProjects.htm 을 보시오.

○ 내가 학생이었을 때 반영팀의 멤버로서 외부증인 역할을 할 수 있었던 시간을 나는 정말로 감사하게 여겼다. 외부증인 실천이 배움의 일부일 때, 내담자들뿐만 아니라 우리 학생들에게도 도움이 된다는 것이 분명해진다. 우리 치료자들의 배움에 내담자들이 기여하는 것에 대해서 개방적이고 명확하게 인정하는 것이 정말로 중요하다는 것을 알게 되었다. 내가 외부증인 역할을 했던 매 회기에서 나는 나자신과 나의 업무에 대해서 배웠고, 어떻게 하면 좋은 외부증인이될 수 있는지에 대해서도 배웠다. 나는 배우고 연습해야 할 기술들이 있다는 것, 그리고 그것은 상당히 엄정하다는 것을 깨닫고 있다. 나는 팀의 일원으로서 배울 기회를 가진 것에 감사히 여긴다.

○ 내 경험에서 볼 때, 외부증인 실천을 활용하는 것은 때로 갈등적 대화를 중단시킬 수 있다. 예를 들어 부부치료 시, 한 배우자를 인터뷰하는 동안 다른 배우자는 외부증인 역할을 하도록 할 수 있다. 그리고 다음 회기에는 같은 방식으로 하되 부부가 서로 역할을 바꾸도록한다. 이러한 방식은 문제 이야기로부터 매우 자유로울 가능성이 크다. 즉 연관되는 독특한 성과와 대안적 이야기를 발굴하는 대화가한쪽 배우자와 일어날 수 있고, 이후 다른 쪽 배우자는 상대방의 이

야기 중 무엇이 의미 있었는지, 그리고 왜 그것이 의미 있었는지에 대해서 말할 기회를 갖는다. 나는 이런 방식이 부부치료에서 흔히 일어날 수 있는 논쟁이나 말다툼으로부터 자유로울 수 있다는 것을 알게 되었다.

○ 외부증인 실천과 정의예식구조는 단지 상담실 내에서가 아니라 많은 상황에서 활용될 수 있다. 만약 직장 내에 어려움이 있다면, 일부 직원을 인터뷰하면서 다른 직원들은 외부증인역할을 하는 일련의 대화를 하는 것도 가능하다. 첫 번째 집단의 직원들에게는 그 조직의 직원으로서의 역할과 관련하여 그들의 업무에서의 희망과 헌신이 무엇인지, 무엇이 이 희망과 헌신을 힘들게 했는지, 무엇이 이 희망과 헌신을 지탱하게 했는지에 대해서 면담할 수 있다.[4] 이 인터뷰에는 회원재구성 대화가 포함될 수도 있다.[5] 이때 두 번째 집단의 직원들에게는 동료들의 이야기를 들으라고, 그리고 동료들의 이야기의 어떤 면이 자기 마음에 와 닿고 자기와 연결되는지를 생각해 보라고 요청할 수 있다. 그리고 난 후 두 번째 집단은 진행자/치료자의 인도에 따라서 자기의 반영을 말하게 된다. 뒤이어서 역할이 바뀌어서, 두 번째 집단이 인터뷰되는 집단이 되고 첫 번째 집단이 두 번째 집단의 말을 듣고 반영한다. 이러한 종류의 실천 구조는 언제나 다른 종류의 대화를 만들어 내고, 동료들이 서로의 희망, 헌신, 의도, 내력에 대해서 새로운 방식으로 '알게 되는 것'이 가능해진다.

8 외부증인 실천에 관해서 당신은
무엇을 가장 즐기는가?

다음은, 사람들이 왜 외부증인 실천을 즐기는지에 관해서 우리가 들은 것
들 중 몇몇을 예시한 것이다.

○ 나에게 가장 중요한 것은 우리가 내담자 가족으로부터 듣는 반응이
  다. 나는 사람들이 다음과 같이 말하는 것을 자주 듣곤 한다.
  - 내 삶이 다른 사람들에게 이렇게 많은 것을 의미할 수 있다는 생각
    을 전에는 해 본 적이 없어요.
  - 그들(외부증인들)은 내가 말하는 것을 무척이나 주의 깊게 들었어
    요. 나는 이걸 믿을 수가 없어요.
  - 그들의 코멘트를 듣는 것이 내가 내 삶에 관해서 다르게 생각하도
    록 만들었어요.
  - 나는 내 삶에 관해서 이야기하는 것을 두려워했어요. 그런데 지금
    은 내 삶이 쓸모없었던 것은 아니란 것을 알아요. 내가 말해야 하
    는 것이 중요하다는 것, 여러분 모두는 내가 이걸 느낄 수 있게 도
    와주었어요. 내가 말해야 했던 것이 다른 사람들에게 이렇게 유용
    할 수 있었다는 것을 나는 정말 몰랐어요.
  - 이건 내가 생각했던 것과 정말 달랐어요. 앉아서 다른 사람들이 말
    하는 것을 듣는다는 것은 굉장히 특별하게 느껴졌어요. 이건 내게
    더 생각할 거리를 주었어요.

더욱이 나는 이러한 외부증인회기 후에 내담자들의 삶이 변화하는 것을 본다. 이러한 변화는 내담자 삶의 대안적 이야기의 풍성한 묘사에 외부증인들이 기여한다는 사실과 많은 관련이 있다고 생각된다. 내담자가 학대의 영향으로부터 자기 삶을 되찾는 데에 작은 발걸음을 내딛고 있다는 것을 우선 누군가 알아주었다면, 외부증인 반영 후에 이 작은 발걸음은 훨씬 더 의미 깊어질 것이다. 그 이유는 이 작은 발걸음이 과장되거나 낭만적으로 묘사되어서도 아니고, 내담자가 일종의 영웅으로 두드러져서도 아니다. 그 이유는 단순히 내담자의 삶의 희망, 그리고 타인이 자기 삶에 가지는 희망 사이에 연결이 이루어졌기 때문이다. 이 연결은 이야기들 간에 이루어졌다. 내담자는 자기 삶을 되찾기 위한 이러한 작은 발걸음을 고립된 상태에서 내딛은 것이 아니었다. 이제 내담자는 자기 삶을 살기로 결심한 다른 사람들과 공유된 방식으로 합류했고, 이러한 발걸음에 대한 청중, 즉 이 발걸음을 중요하게 여기는 다른 사람들이 있다. 그리고 이 사람들은 이것이 왜 중요한지, 그리고 이것이 자기 삶과 업무에 어떤 차이를 가져올지를 말했다. 외부증인들이 이 작은 발걸음의 증인이 된 뒤에 가능해진 이러한 변화들을 나는 그저 단순히 즐긴다.

○ 내가 정말로 즐기는 것들 중 하나는, 외부증인 실천은 초점을 우리 치료자들로부터 벗어나게 할 수 있다는 것이다. 물론 순조로운 진행을 확실히 하는 책임은 우리에게 있고, 우리는 모든 것을 제대로 준비하고 확인하는 데에 분명히 매우 능동적으로 참여한다. 그러나 이

러한 과정에서 우리가 얼마나 탈중심적이 되는지에 대해서 나는 일면 기쁘게 느낀다. 내담자의 친구나 친척이 외부증인일 때, 특히 더 그렇다. 나는 종종 회원재구성 대화를 통해서 외부증인을 찾는 경우가 있다. 내담자가 내딛은 발걸음을 축하할 어떤 인물을, 혹은 내담자가 이러한 발걸음을 내딛을 수 있었다는 것에 가장 덜 놀랄 어떤 인물을 우리가 알아냈다면, 그 사람은 외부증인이 되기에 가장 이상적인 후보자이다. 때로 이는 탐정처럼 꽤나 탐색을 요하는 작업일 수도 있다! 또는 내담자의 삶에서 여러 해 동안 만나지 못했던 중요한 인물을 추적해야 할 필요도 있을 수 있다. 이러한 인물들은 지금 내담자가 삶에서 내딛고 있는 발걸음의 증인이 되어 달라는 요청을 받으면 예외 없이 기뻐한다. 그리고 이러한 사람들과의 대화는 종종 강력하게 감동적이다. 사실상 나는 이러한 외부증인 모임이 내 업무의 몇몇 하이라이트라고 말할 수 있다.

○ 외부증인이란 어떤 특정한 역사, 유용한 역사를 주목해서 듣고, 이를 보다 명확하게 볼 수 있게 해 주는 사람(혹은 집단)이다. 나는 역사에 끌린다. 그래서 나에게는 대안적 이야기를 주목해서 듣기 위해 집단으로 만난다는 것이 큰 즐거움이다. 또한 이는 매번 나로 하여금 나 자신의 역사를 다르게 생각하도록 한다. 왜 어떤 이미지가 나에게 강한 울림이 있는지를 알아내는 것은 이러한 과정의 일부이다. 그러므로 이것이 의미하는 바는, 내가 나 자신의 역사에, 특히 나의 역사 중 내가 높이 인정하는 측면들에 끊임없이 재연결된다는 것이다.

○ 외부증인 여러 명을 치료 회기에 함께 참가하도록 하는 것(역주: 치료자들로 이루어진 반영팀)은 자원의 고갈을 초래한다고, 그래서 가족과의 모임에 한 명 이상의 치료자가 참가해서는 안 된다고, 몇몇 사람들이 말하는 것을 들은 적이 있다. 그러나 이는 나의 경험과는 다르다. 사실은 내 경험은 오히려 반대였다. 외부증인 집단과 함께 진행한 회기의 결과로 일어날 수 있는 변화는, 매우 많은 개별 치료회기들의 결과와 문자 그대로 같을 수 있다. 게다가 외부증인 역할을 하는 것은 에너지 충전제가 된다. 또한 내 경험으로는 이런 방식의 접근은 치료자 소진의 해독제가 될 수 있다. 외부증인 실천을 통해서 가족은 자기의 삶이 어떤 헌신과 이상에 어떻게 연결되어 있는지를 이해하고, 그로 인해 자기의 삶이 다른 사람들의 삶과 어떻게 연결되는지에 관해서 보다 풍성한 방향으로 나아간다. 이러한 회기는 치료자에게 에너지 고갈이 아닌 생동감을 준다.

○ 증언을 한다는 것은 이야기 말하기를 하나의 체험으로 전환시킨다. 외부증인집단을 가진다는 것, 특히 정의예식의 구조 안에서 외부증인집단을 가진다는 것은, 치료를 좀 더 예식으로, 심지어는 공연 같은 것으로 변환시킨다. 이는 사람들이 무대의 중심에 서고자 하는 공연이 아니다. 이는 여러 다른 이야기들의 공연이며, 우리는 그 공연 방법에 대해서 주의를 기울인다. 외부증인으로서 우리는 내담자 삶의 이야기의 공연에서 어떤 면에서 청중이면서 동시에 참가자이다. 즉 우리는 사람들의 삶에서 긍정적인 이야기의 청중이면서, 동시에 이 이야기의 다시 말하기 및 이 이야기를 다른 이야기들과 연

결시키기에 관여한다는 뜻이다. 나의 관심은 여기에 있다. 또한 나의 관심은 이 공연이 문제의 영향에 대항하는 사람들의 새로운 가능성에 어떻게 기여하는지에 있다.

○ 이곳 사우스아프리카공화국에서는[6] 외부증인 실천은 '우분투(Ubuntu)'라고 불리우는 것에 부합하는 것으로 보인다. '우분투'란 사람들 사이의 돌봄의 관계를 강조하는 삶의 방식이다. 목격한 것을 증언한다는 것이 어떻게 건강한 지역사회를 만드는가에 우리는 매우 큰 관심을 가진다. 사람들이 서로의 삶을 긍정적으로 증언하는 데에 더욱 관심을 가질수록, 연대와 집합적 돌봄이 보다 더 개발되고, 사람들은 개별치료에 보다 덜 의존하게 된다.

○ 내가 치료자로서 외부증인 실천에 대해서 즐기는 것은, 내가 혼자 일하지 않는다는 것이다. 내가 나에게 상담 온 사람과 먼저 이야기하고 있을 때, 나는 일방경 뒤에 팀 전체가 있다는 것, 그리고 이 팀이 이 회기를 위해 여기에 나와 함께 있다는 것을 알고 있다. 내가 내담자의 독특한 성과와 대안적 이야기의 시작을 팀이 들을 수 있도록 공간을 충분히 잘 만들어내는 한, 팀의 반영이 내담자의 대안 이야기를 보다 풍성하게 하고, 많은 연결과 이미지를 불러일으킬 가능성이 매우 크다. 이는 창조적이고 유동적인 과정이며, 나는 이를 정말로 즐거워한다. 그리고 나는 팀의 일원이라는 것을 좋아한다.

○ 우리는 이야기와 함께 일하고 있다고, 나는 생각한다. 이것이 전부

다. 외부증인으로서 나는 어떤 사람의 삶의 이야기를 인정하는 청중이다. 그리고 나서 내가 반영을 할 때, 나는 내가 스토리텔러(역주: 내담자)에 대해 아는 지식을 표현하지 않는다. 내가 하는 일은, 스토리텔러가 우리에게 말한 이야기에 대해서 개인적으로 긍정적 인정을 보내는 것이다. 나는 이야기의 플롯, 등장인물, 이야기의 꼬임과 반전, 즉 한마디로 이야기를 사랑한다. 어떻게 하나의 단일한 이야기에서 그렇게도 많은 공명들이 이끌어져 나올 수 있는지를 보는 것을 사랑한다. 그러고 나면, 어느 공명이 자기에게 더 적절하고 유용한지를 결정하는 것은 그 주인공에게 달려있다. 상담 온 사람의 경험을 우위에 두는 방식으로 이야기와 함께 일하는 것은 멋진 일이다.

○ 외부증인 실천은 또한 우리 치료자의 삶에도 차이를 가져온다고 나는 생각한다. 물론 치료의 주된 역할은 내담자의 경험에 주의를 기울이고 어떤 면에서는 이를 전환시키는 일이다. 그런데 외부증인 실천은 치료의 이런 역할을 침범하지 않으면서도 어떻게 치료가 우리 치료자들의 삶과 생각에 진정한 영향을 주는지에 대해서 인정할 수 있는 틀을 제공한다. 외부증인 역할 내에서, 우리 치료자들은 우리 자신의 삶의 이야기를 인정하는 방식으로 다른 사람들과 만나고 협동하고 합류한다. 이는 치료자로서의 나에게 강력한 재충전이 되어왔다.

글쎄, 지금으로서는 일단 이것이 전부다. 외부증인 실천에 대해서는 할 말이 무척 많다. 왜냐하면 이는 다른 많은 형태로 행할 수 있기 때문이다. 외부증인이 단 한 명 있을 수도 있는데, 이런 경우는 아마도 이전의 회원 재구성 대화에서 기억된 인물일 것이다. 혹은 어떤 팀 전체가 외부증인이 될 수도 있다. 이러한 팀 실천은 개인, 부부, 가족과의 치료세팅에서 활용될 수도 있고, 혹은 지역사회 모임 및 더 대규모의 이벤트에서 활용될 수도 있다. 외부증인 실천은 이야기실천에서 단순히 하나 더 첨가되는 면이 아니라, 이야기실천의 핵심 되는 면이다. 이야기실천의 핵심 토대들 중의 하나는, 우리의 정체성은 타인과의 관계 속에서 형성된다는 것이다. 누군가가 자기의 삶에 대한 새로운 이야기, 즉 다양한 문제의 억압적 영향에서 벗어난 이야기를 다시 쓰려고 애쓸 때, 증인이 요구될 것이다. 이때 증인이란, 그 사람이 내딛은 발걸음, 그 발걸음에 필요한 기술과 지식, 그 발걸음에 포함된 의도와 희망을 강력하게 인정하고 증언할 수 있는 사람, 그리고 공유된 주제를 중심으로 여러 사람들의 삶을 연결할 수 있는 사람이다. 딘 로보비츠가 전에 썼듯이, '문제를 해결하기 위해서는 청중이 요청된다'(Lobovits et al. 1995, p. 255). 그게 바로 우리가 이해한 바이기도 하다. 외부증인은 문제해결을 위해 요청된 청중이다.

이 질문과 답에 관하여

우리는 우리에게 응답을 보내온 마릴린 오닐, 휴 폭스, 가이 스토켈, 앤

쇼버, 데이빗 덴버로, 제프 짐머만, 에밀리 수에드, 더크 코체에게 감사를 표한다. 이들의 응답으로부터 이 글이 만들어졌다. 우리는 또한 이 글을 지금의 형태로 만들어 준 데이빗 덴버로의 편집과 저작에 대해서도 감사 드린다.

주

1. 'Reflecting Teams Edition' of *Gecko: A journal of deconstruction and narrative ideas in therapeutic practice*, 1999 Vol. 2를 보시오.
2. 정의예식이 구조화되는 방식에 대해 읽고자 한다면, White(1995 & 1997)를 보시오.
3. 정의예식이 지역사회 모임을 구조화할 수 있는 방식에 대해 읽고자 한다면, 이 장의 말미에 있는 추가 자료 목록을 보시오.
4. 이 질문들과 이 사례는 가이 스토켈이 제공하였다.
5. 회원재구성 대화에 대하여 더 읽고자 한다면, White(1995)와 Russell & Carey(2002)를 보시오.
6. 이 반영은 남아프리카 공화국에서 살면서 일하는 더크 코체가 제공하였다.

참고문헌

Andersen, T. 1987: 'The reflecting team: Dialogue and meta-dialogue in clinical work?' *Family Process*, 26:415-428.

Lobovits, D. H., Maisel, R. & Freeman, J.C. 1995: 'Public practices: An ethic of circulation.' In S. Friedman (ed), *The Reflecting Team in Action: Collaborative practice in family therapy* (pp. 223-256). New York: Guilford.

Myerhoff, B. 1982: 'Life history among the elderly: Performance, visibility and re-membering.' In J. Ruby (ed), A Crack in The Mirror: *Reflexive perspectives in anthropology*. Philadelphia: University of Pennsylvania Press.

Myerhoff, B. 1986: 'Life not death in Venice: Its second life.' In V. Turner & E. Bruner (eds), *The Anthropology of Experience*. Chicago: University of Illinois Press.

Russell, S. & Carey, M. 2002: 'Re-membering: responding to commonly asked questions.' *The International Journal of Narrative Therapy and Community Work*, No.3.

White, M. 1995: 'Reflecting teamwork as definitional ceremony.' In M. White: *Re-Authoring Lives: Interviews and essays* (pp. 172-198). Adelaide: Dulwich Centre Publications.

White, M. 1997: 'Re-membering and definitional ceremony.' In M. White: *Narratives of Therapists' Lives* (pp. 3-114). Adelaide: Dulwich Centre Publications.

White, M. 1999: 'Reflecting-team work as definitional ceremony revisited.' *Gecko*, 2:55-82. Re-published in White, M. 2000: *Reflections on Narrative Practice: Essays and interviews*. Adelaide: Dulwich Centre Publications.

White, M. 2002: 'Definitional ceremony and outsider-witness responses.' Workshop Notes: www.dulwichcentre.com.au August 23rd 2002.

추가 읽기 자료

· 가족 치료에서의 반영팀

- Andersen, T. 1987: 'The reflecting team: Dialogue and meta-dialogue in clinical work.' Family Process, 26:415-428.
- Friedman, S. (ed) 1995: *The Reflecting Team in Action: Collaborative practice in*

family therapy. New York: Guilford.

· 외부증인과 정의예식에 대한 인류학적 설명

- Myerhoff, B. 1982: 'Life history among the elderly: Performance, visibility and re-membering.' In J. Ruby (ed), *A Crack in The Mirror: Reflexive perspectives in anthropology*. Philadelphia: University of Pennsylvania Press.
- Myerhoff, B. 1986: 'Life not death in Venice: Its second life." In V. Turner & E. Bruner (eds), *The Anthropology of Experience*. Chicago: University of Illinois Press.

· 이야기실천 내에서 외부증인의 활용

- White, M. 1995: 'Reflecting teamwork as definitional ceremony.' In M. White: *Re-Authoring Lives: Interviews and essays* (pp. 172-198). Adelaide: Dulwich Centre Publications.
- White, M. 1999: 'Reflecting-team work as definitional ceremony revisited.' *Gecko*, 2:55-82. Re-published in White, M. 2000: *Reflections on Narrative Practice: Essays and interviews*. Adelaide: Dulwich Centre Publications.
- White, M. 2002: 'Definitional ceremony and outsider-witness responses.' Workshop Notes :www.dulwichcentre.com.au August 23rd 2002.
- 'Reflecting Teams Edition' of *Gecko: A journal of deconstruction and narrative ideas in therapeutic practice*, 1999 Vol. 2.

· 지역사회 모임에서 외부증인 실천의 활용

- 'Reclaiming our stories, reclaiming our lives.' (*Dulwich Centre Journal* 1995 No. 1)
- 'Speaking out and being heard' (*Dulwich Centre Newsletter* 1994 No. 4)
- 'Living positive lives: A gathering for people with an HIV positive diagnosis and workers within the HIV sector.' (*Dulwich Centre Journal* 2000 No. 4)

5장

후기구조주의와 치료 - 도대체 무엇에 관한 것인가?

질문들을 모아서
레오니 토마스가 답함.

이 글은 원래 *The International Journal of Narrative Therapy and Community Work*(2002) 제2호에 게재된 것임.

이야기치료는 후기구조주의 사고의 영향을 매우 많이 받았다. 그러나 후기구조주의가 무엇인지 실제로 이해한다는 것은 많은 사람들에게 꽤나 도전일 수 있다! 우리는 후기구조주의를 이해하고자 했고, 후기구조주의가 치료자로서의 우리의 실천에 무엇을 의미하는지를 이해하고자 했다. 이러한 작업은 즐거웠고 도전이 되었으며 생각을 확장시켰고, 때로는 힘들기도 했다.

후기구조주의에 대해 논하는 것은 복잡한 주제이기 때문에, 이 글은 오직 짧은 설명일 뿐이다. 이 글에서는 오직 몇 개의 영역에만 초점을 맞추었고, 흔히 물어보는 질문들에 대한 답을 하고자 했다. 우리의 답이 이 질문들에 대한 정답이라거나 유일한 답임을 의미하지는 않는다. 우리는 그저 독자들이 우리의 답이 도움 된다고 여기기를 바랄 뿐이다. 우리는 이 답들을 모으면서 많은 것을 배웠다.

시작하기 전에 언급하고 싶은 것은, 후기구조주의를 설명하기 위해서 우리는 후기구조주의와 구조주의가 어떻게 다른지를 보여 주어야 했다는 것이다. 이 둘 사이의 차이를 보여 주기 위해서 우리는 표를 그렸다. 그 이유는 단순히 그러한 비교 방식이 우리가 설명할 수 있는 유일한 방식이었기 때문이다. 그렇다고 해서 우리가 구조주의적 작업 방식을 선호하는 사람들을 무시하거나 폄하하려는 의도는 결코 아니란 것을 말하고 싶다. 우리 모두는 서로 다른 생각을 하고, 서로 다른 치료적 실천을 행한다. 우리 모두는 치료를 행하는 독특한 방식을 만들어 낸다. 여기에서는 다만 우리가 후기구조주의적 생각을 어떻게 이해하고, 후기구조주의적 생각이 우리의 실천 작업을 어떻게 형성하고 있는지를 설명하고자 할 뿐이다.

1 구조주의란 무엇인가
- 구조주의가 치료 세계에 어떤 영향을 미쳤는가?

우리가 이해하기로는, '과학혁명'이라고 불리우는 시대가 있었다. 그 시대에 유럽의 다양한 사람들은 모든 물리적 현상을 지배하는 법칙(구조)을 발견함으로써 우주와 그 안의 모든 것을 이해할 수 있다고 믿기 시작했다. 이러한 믿음의 밑에 깔린 가정은 근본적이고 불변하는 구조가 있다는 것이었으며, 이러한 구조는 광활한 우주에서부터 미립자의 움직임에 이르기까지 모든 것을 지배한다는 것이었다. 이러한 구조를 파악하기 위해서 과학적 연구방법이 발달되었다. 객관적인 과학적 탐구가 물리적 세계에 대한 신뢰할 만하고 유효하고 보편적으로 적용 가능한 지식을 제공할 수 있다고 믿어졌다. 이러한 접근방법은 자연과학에서 대단히 중요한 발전을 가져왔고, 여기에서 비롯된 발명과 기술은 이 세상을 많은 면에서 변환시켰다.

놀랍지 않게도 이러한 '구조주의적' 생각들은 이후 사회과학에 영향을 미쳤고, 전반적 학문영역(인류학, 언어학, 사회학, 심리학, 가족 치료 등)에서 인간, 가족, 사회, 문화, 언어의 기저에 깔린 내적 '구조'를 찾기 시작했다. 사회과학에서 이러한 '구조주의적' 관점의 영향들 중의 하나는, 인간도 물질적 대상이 연구되는 방법과 같은 방법으로 연구될 수 있다는 생각이 조성된 것이다. 이는 인간을 다른 사람들과 관련 없는, 분리된 별개의 단위로 보도록 했다. 또한 구조주의는 어느 누구의 편에도 서지 않고 객관적으로 연구하는 것이 가능하다는 가정을 내포했다. 이는 자연과학에서 무척 많은 '발견들'을 이끌었던 세계관이었다. 이러한 '구조주의적'

생각은 매우 인기가 있었다. 사실상, 특히 전문분야에서 구조주의적 생각은 이 세상을 섭렵했고, 오늘날 구조주의적 생각이 장악하지 않은 곳은 거의 없다.

구조주의적 생각은 분명코 치료세계에 영향을 미쳤다. 심리학 내에서 구조주의적 생각의 영향은 많은 치료자들이 다음의 생각을 믿도록 했다. 만약 우리가 어떤 사람에 대한 '진실'을 알고 싶다면 자기(self)의 '껍질층'을 벗겨내야 한다는 생각 말이다. 구조주의가 내포하는 의미는, 저 깊은 곳 어딘가에서 그 사람의 '내적 자기'를 발견할 수 있다는 것, 그리하여 그 사람의 정체성의 '진실'을 알아낼 수 있다는 것이었다. 이러한 생각들은 치료세계에 있는 많은 사람들이 인간의 '행동'은 이러한 근본 구조의 영향으로 인한 것이라고 믿도록 이끌었다. 치료자들 및 다른 학자들은 사람들의 행동을 해석하는 여러 방식들을 개발하기 시작했다. 이 여러 방식들은 다양하지만 사실은 유사한데, 사람들의 행동이 마치도 내적 자기, 내적 정신, 내적 본성의 작동에 어떻게든 관련된다고 가정하는 사고방식이었다. 만약 어떤 사람이 바람직한 방식으로 행동한다면, 이러한 행동은 작동을 잘 하는 내적 자기로 인한 것이라고 해석될 수 있었다. 반면 만약 어떤 사람이 덜 바람직한 방식으로 행동한다면, 이러한 행동은 존재 내면의, 내적 자기의 어떠한 장애, 결핍, 왜곡으로 인한 것이라고 해석될 수 있었다.

치료세계 전반에 걸쳐서 여전히 우리는 이러한 사고방식의 영향을 볼 수 있다. 구조주의는 치료자와 여타 전문가들이 우리의 역할에 대하여 다음을 믿도록 이끈다. 우리의 역할은 내담자들에 대한 정서적 및 심리적 '진실'을 알아내는 것이라고, 또한 우리의 역할은 사람들의 겉으로 드러나는 행동을 그의 내적 자기/본성/정신의 작동과 어떻게든 관련되는 것으로서 해석하고 진단하는 것이라고, 그리하여 우리의 역할은 그 사람을 위한 치료방식을 개발하는 것이라고 말이다.

치료자들이 이러한 역할들을 행하는 방식은 분명 매우 다양하다! 여기에서 우리는 구조주의가 무엇인지에 대해 우리가 믿는 바를 설명하고자 했으며, 구조주의가 치료세계에 어떻게 영향을 미쳤는지에 관련하여 몇 가지 일반적인 공통된 추세를 언급하였다.

2 후기구조주의는 무엇이며, 이는 치료세계와 어떻게 관련되는가?

후기구조주의의 기원은 미셸 푸코나 자크 데리다와 같은 프랑스 철학자로 거슬러 올라갈 수 있다. 그리하여 후기구조주의는 구조주의적 사고방식이 장악했던 다양한 모든 분야에 영향을 미치고 있다.

구조주의와 후기구조주의의 차이를 설명하기 위하여 우리는 다음과 같은 표를 만들었다. 우선 우리는 구조주의의 가정들을 설명하고 나서, 후기구조주의의 가정들을 설명했다. 그리고 마지막으로 후기구조의적 사고가 우리 치료자들을 초대해서 무엇을 하도록 하는지를 설명했다.

다시 한번 말하건대, 치료자들은 후기구조주의적 사고에 매우 다양한 방식으로 관여하고 있다. 이 표에서 우리는 구조주의와 후기구조주의 간의 차이들 중 일부만을, 그리고 후기구조주의가 치료세계로 초대한다고 믿어지는 것들 중 몇몇만을 보여 주려고 했다.

사람들에 대해서 알아본다는 것은 그에 관한 '심층 구조' 혹은 '본질적인 진실'을 탐색하기 위한 것이다.

이러한 '심층 구조' 혹은 '본질적인 진실'에 대한 탐색은 객관적일 수 있다.

삶의 모습을 만드는 것은 '심층 구조'(예를 들면 내적 자기)이다.

우리의 생각, 문제, 특성은 내적 자기와 연결되어 있다.

우리의 정체성은 고정되어 있고 본질적이다-우리의 내적 자기 안에서 발견된다.

우리의 정체성은 언제나 일관된다.

중요한 것은 '심층구조'나 '본질적 진실'을 찾는 과정의 진정한 영향에 대해서 관심을 기울이는 것이다. 보건 전문직에서 이러한 영향들 중의 하나는, *'건강하기'* 위해서 사람들의 삶이 어떻게 *보여야 하는지에* 관한 다양한 규범과 생각을 발전시켰다는 것이다.

우리가 무엇을 추구하고, 무엇을 믿고, 무엇에 기반을 두고 있는가? 이것이 우리가 어떻게 보이고 우리가 어떻게 될 것인지를 형성한다.

언어, 그리고 언어의 사용은 삶을 형성하는 데에 핵심적 역할을 한다.
사람들이 무엇을 말하고 행하는가, 그리고 서로 어떻게 관계를 맺는가 하는 것이 삶을 형성한다.
삶의 사건에 우리가 부여하는 의미, 그리고 이를 어떻게 우리 자신 및 다른 사람들에 대한 이야기로 구성하는가? 이것이 삶을 형성한다.

우리의 생각, 문제, 자질은 모두 문화와 역사의 산물이다. 이들은 특정 맥락에서 시간의 흐름에 따라 만들어졌다.

우리의 정체성은 다른 사람들과의, 제도와의, 더 큰 파워 관계와의 관련 속에서 끊임없이 만들어진다.

우리의 정체성은 많은(때로는 서로 모순되는) 이야기들로 이루어졌고, 계속적으로 이루어지고 있다.

후기구조주의적 생각이 치료자들을 초대하는 곳

어떤 사회적 규범이 삶은 *이래야 한다*고 사람들에게 말할 때, 이에 의거해서 자기 삶을 평가하는 것을 중단하도록 돕기.

치료자의 '객관성', '전문성', '해석의 관행'에 대해 의문을 제기하기.

치료에서 사용되는 언어를 통해서 당연하게 받아들여지는 지속적 생각과 가정들에 의문을 제기하기.

이야기, 예식, 기타 실천의 여러 면들이 치료과정을 이해하는 것과 어떻게 관련되는지를 생각하기.

치료대화에서 생각, 문제, 자질을 외재화하기.

어떻게 각 치료대화가 내담자의 정체성 및 치료자의 정체성을 형성할 것이지를 진지하게 생각하기.

외부증인을 치료실에서 일어나는 작업에 어떻게 참여시킬 수 있는지를 생각해 보기.

치료대화가 내담들에게 미치는 진정한 영향을 점검하기 위한 책임 있는 실천을 발전시키기.

어떻게 우리 삶의 이야기가 우리 삶을 형성하는지, 그리고 어떻게 치료가 정체성에 대해 선호하는 이야기를 풍부하게 그릴 수 있도록 할 것인지에 대해 생각하기.

3 후기구조주의는 치료에만 영향을 미치고 있는가, 혹은 이는 보다 광범위한 현상인가?

후기구조주의는 매우 광범위한 현상이다! 1960년대 이래 비판철학, 문화인류학, 언어학, 문학 이론, 사회학 등 여러 다른 분야에서 후기구조주의적 질문들이 기하급수적으로 발전해 왔다. 또한 수학, 물리학뿐만 아니라 예술, 교육, 건축 등의 분야에서도 이와 관련된 발전이 일어나고 있다.

4 페미니즘은 후기구조와 어떻게 부합하는가?

후기구조주의가 사람들이 당연하게 받아들이는 것에 의문을 제기하듯이, 페미니즘도 젠더관계에 대한 지배적인 이해방식, 그리고 우리 삶에 가부장제가 미치는 영향에 대해 의문을 제기하고 도전한다. 페미니즘에는 많은 다른 형태가 있다. 혹은 진정 많은 페미니즘이 있다. 어떤 형태의 페미니즘은 구조주의적 이해해 바탕을 두고 있는데, 이는 예컨대 여성 고유의 성질 및/혹은 본질에 대한 생각을 증진시킨다. 다른 형태의 페미니즘, 즉 후기구조주의적 혹은 비구조주의적 페미니즘은 '여성적인 자기(self)'나 '남성적인 자기'라는 생각에 의문을 제기하고, 그 대신에 많은 여성성과 많은 남성성이 존재한다는 것을 지적했다. 또한 그들은 어떻게 여성의 존재방식이 문화, 계급, 인종, 섹슈얼리티, 기타 파워 관계의 특정 맥락에서 만들어졌는지의 역사를 추적했다.

5 **후기구조주의는 언제나 이해하기가 어려운가? 만약 그렇다면 왜 어려운가?**

후기구조주의가 언제나 이해하기 어려운 것은 아니다. 그러나 때로는 어렵다. 거기에는 많은 이유가 있다. 우선 후기구조주의의 몇몇 생각들은 철학자들로부터 유래했고 그들의 글 쓰는 방식과 관련 있는데, 그들이 전달하려고 하는 모든 의미를 이해하는 것은 우리의 일상적인 범위를 넘어서는 것일 수 있기 때문이다. 또한 철학자들의 일부가 쓴 글의 원전은 영어 이외의 언어(주로 불어)였고, 그래서 그들의 글은 영어로 번역되어야 했고, 그래서 쉽게 읽기에 반드시 도움이 되지는 않았기 때문이다.

그러나 후기구조주의적 생각이 때때로 이해하기 어려운 다른 이유는, 우리가 그러한 생각에 익숙하지 않기 때문이다. 지난 300년 동안 구조주의적 사고방식이 사람들에게 매우 익숙하기 때문에 후기구조주의는 매우 생소하고 때로는 혼란스러울 수 있다. 게다가 많은 사람들은 구조주의에 대해 생각을 하지 않으면서 살다가, 오직 후기구조주의에 새로이 접할 때에야 비로소 구조주의에 대해 생각하게 된다. 우리가 사는 세상을 이해하기 위한 이러한 틀들에 대해서, 그리고 이 틀들의 차이에 대해서 배운다는 것은 도전이 될 수 있다. 우리가 우리에게 익숙하지 않은 그 어떤 것과 마찬가지로, 후기구조주의를 이해한다는 것은 쉽지 않다. 후기구조주의를 이해한다는 것은 우리가 동의하는 것과 동의하지 않는 것을 구별해 내고, 우리의 마음의 넓이를 확장하는 것을 포함한다.

6 치료 실천과 관련하여 후기구조주의적 생각이
당신에게 가장 도움 되는 것은 무엇인가?

다음은 일련의 치료자들이 후기구조주의적 생각에 관하여 가장 도움 된
다고 경험한 것들이다.

○ 우리의 정체성이 고정되어 있지 않다는 것, 우리의 정체성은 언제나
만들어지는 과정 속에 있다는 것을 이해한다는 것은, 상담실에서 일
어나고 있는 것을 내가 다른 방식으로 이해하도록 도와준다. 이는
사람들이 정체성을 만들고 다시 만드는 과정에서 우리 치료자들은
이런 과정을 돕는 일을 한다는 것을 생각하도록 한다. 나는 이 생각
을 좋아한다.

○ 정체성이란 내적인 것이라기보다는 타인과의 관계 속에서 만들어
지는 것이란 생각이 의미하는 바는, 이제 나는 어떤 사람이 삶에서
일으키는 변화의 증인이 될 청중을 언제나 만들려고 한다는 것이다.
청중이 실제로 상담실로 들어오도록 하든, 아니면 글을 통해서 그
사람의 발전을 따라잡든, 나는 누가 이 새로운 발전의 증인이 되기
에 좋을지에 대해서 생각하느라고 언제나 바쁘다.

○ 우리의 정체성이 사회적으로 만들어진다는 것을 인식한다는 것이
의미하는 바는, 우리의 삶이 역사, 문화, 젠더, 섹슈얼리티, 계급, 기
타 더 넓은 위계관계에 의해 어떻게 영향받는지를 보다 더 주목한다
는 것이다.

○ 나는 나를 만나러 오는 사람들에게 언제나 민감한 치료자였다고 생

각하며, 치료가 그들의 삶에 어떤 차이를 만들어 왔는지를 언제나 들으려고 했다고 생각한다. 지금 나는 상담실에서 이에 대한 마음의 태세가 전보다 더 확실하다. 나는 내가 후기구조주의를 완전히 이해한다고는 생각하지 않는다. 그러나 나는 다른 사람들의 정체성에 관한 '진실'을 알 수 없다는 생각을 좋아한다. 이런 생각은 나와 부합하며, 언제나 그러했다. 지금 나는 사람들의 현재가 왜 그런지를 이해하기 위한 다른 방법을 가지고 있다.

○ 후기구조주의적 생각과 관련을 가지면서, 나는 나의 이해가 결코 객관적이거나 중립적이거나 탈가치적이 아니라는 것을 깨닫는 중이다. 이는 나 자신의 관점을 점검하게 해 준다. 또한 내 생각이나 내 가치를 타인에게 부과하는 것을 막도록 도와준다. 이는 내가 계속 주의를 게을리 하지 않게 해 주며, 이는 좋은 일이라고 생각한다.

○ 후기구조주의적 생각은 내가 소위 '정상적인 것'에 부합하지 않는 시간, 장소, 사건, 존재방식에 주목하는 것을 돕고 있다. 나는 지금은 이런 것들을 보다 더 인정하고 기념하는 것 같다. 물론 나는 여기에서 타인에게 어떤 방식으로든 해를 끼치는 것들을 말하는 것이 아니라, 그저 유별난 방식의 삶을 말하는 것이다. 지금 나는 사람들이 삶을 살고자 하는 특이한 방식에 주목할 준비가 되어 있고, 그 내력과 그것이 본인에게 가지는 의미를 탐구할 준비가 되어 있다. 나에게 이것은 정말로 흥미 있는 대화이다.

맺는 말

이제 설명이 끝났다. 이 질문들과 답들이 도움이 되기를 바란다. 이는 거대한 주제이지만, 우리는 또한 이 주제가 매우 흥미 있다고 느낀다. 후기구조주의적 생각은 우리가 사람들의 말을 경청하고 사람들과 함께 일하는 창조적인 형태를 향하여 새로운 가능성을 열고 있다.

이 질문과 답에 관하여

우리는 후기구조주의와 치료에 관하여 흔히들 물어보는 질문들에 대한 답을 모았다. 레오니 토마스는 덜리치센터 출판사에서 일하는 사람들의 도움을 받아서 질문들을 정리했고, 이 질문들을 일련의 실천가들에게 보냈다. 또한 많은 대화가 이곳 덜리치센터에서 이루어졌다. 질문에 대한 대답들을 모은 후, 초안을 널리 돌려서 함께 읽으면서 추가적인 토론과 손질을 했다.

감사의 글

이 글이 만들어지는 데에 함께한 사람들, 레오니 토바스, 벡 구든, 진 콤스, 수산나 쳄벌린, 마이클 화이트, 헬린 그레미용, 키위 타마세세에게 감사를 표하고 싶다. 특히 이들의 기여를 모으는 데에 데이빗 덴버로가 한 역할에 대해서 감사를 표하고 싶다.

추가 읽기 자료

Burr V. 1995: *An Introduction to Social Construction*. London: Routledge.

Foucault, M. 1980: *Power/Knowledge: Selected interviews and other writings 1972-1977* (ed. Colin Gordon). New York: Pantheon.

Weedon, C. 1987: *Feminist Practice & Poststructuralist Theory*. Oxford: Blackwell.

6장

페미니즘, 치료, 그리고 이야기에 관한 생각들: 흔히 묻지 않는 질문들에 대한 탐색

질문들을 모아서
쇼나 러셀과 매기 커리가 답함.

이 글은 원래 *The International Journal of Narrative Therapy and Community Work*(2003) 제2호에 게재된 것임.

이 글은 페미니즘, 치료 그리고 이야기에 관한 생각들에 대해 흔히 묻지 않는 질문을 논의하는 데 관심을 가지고 있다. 따라서 우리는 이야기 치료에 종사하는 몇몇 치료자들에게 페미니즘이 무엇을 의미하는지, 그것이 그들의 작업에 어떻게 영향을 미치는지, 그리고 현재 씨름하고 있는 페미니스트 문제는 무엇인지에 관해 질문을 했다. 이후 활기차고 도전적인 과정이 뒤따르게 되었다.

우리가 접한 많은 사람들은 이런 종류의 질문에 대해 생각하는 데 더 많은 시간을 할애했으면 좋겠다고 말했고, 어떤 사람들은 이러한 대화가 더 보편화되지 않은 것이 유감이라고 말했다.

이에 대한 응답으로 우리는 모든 독자가 이러한 문제에 대해 계속 진행 중인 프로젝트에 참여하도록 초대하고 싶다. *The International Journal of Narrative Therapy and Community Work*의 향후 판에서는 '페미니즘, 치료 그리고 이야기에 관한 생각들'이라는 주제로 정기적인 칼럼을 구성하려 한다. 이 장(章)의 말미에서 우리는 실천가들로부터 듣고 싶은 다양한 주제들을 나열했는데, 이어지는 질문과 답변이 당신의 상상력을 촉발시켜서 다양한 생각과 통찰들을 우리에게 편지로 보내 주기를 기대한다.

그러면 첫 번째 질문인데 아마도 이 질문이 가장 어려울 것이다. 페미니즘이란 무엇인가?

💬 페미니즘이란 무엇인가?

이 글을 작성하면서 매우 분명한 것은 페미니즘의 의미가 사람들마다 매우 다르다는 것이었다. 정말 이것은 항상 사실이었다. 이 글의 부록으로 우리는 최근 역사에서 페미니즘의 다양한 표현을 정리하고자 했다. 여기에는 "자유주의적 페미니즘", "급진적 페미니즘", "사회주의 페미니즘", "블랙(black)/토착주민(Indigenous)/유색인 여성(women of colour) 의 페미니즘", "후기구조주의 페미니즘", "프랑스 페미니즘" 그리고 최근의 "퀴어 페미니즘"이 포함된다.

그래서 이 장을 시작하면서 다양한 응답자들이 페미니즘이 각자에게 의미하는 바를 설명하는 긴 인용문을 포함하기로 하였다.

○ *페미니즘은 세상에서 힘의 차이를 분석하는 나의 주요 렌즈에요. 일부 여성들에게 있어 페미니즘은 세상을 보는 주요 렌즈, 파워의 차이를 분석하는 주요 형식, 문화와 인종을 보는 주요 렌즈이죠. 다른 여성들의 경우, 그들의 주요 렌즈는 섹슈얼리티와 성별 차이일 수 있습니다. 하지만 내가 가장 먼저 알아차리게 되는 것은 젠더(역주: 문화적 성차)입니다. 페미니즘은 내가 파워 관계와 그리고 이와 관련된 나의 책임을 이해하는 데 사용하려는 렌즈입니다.*

○ *아프리카계 미국인 여성으로서 페미니즘이 내 삶에서 살아가는 방식은 스스로를 감히 페미니스트라고 부르지 못하는 나의 어머니와, 다른 흑인 노동계급 여성들의 삶으로부터 영향을 받았습니다. 이 부*

류의 페미니즘은 우리의 삶을 제한하는 가부장제의 영향에 대해 진실을 말할 수 있는 능력에 관한 것이고, 인종차별, 성차별, 계급 차별과 연결된 억압에 대해 분명히 말해야 하는 것과 관련된 것입니다. 우리가 우리의 잠재력을 실현하기 원한다면 이러한 이슈를 모두 다루는 것이 필요합니다. 페미니스트 가치에 대해 내가 가장 존경하는 것은 어머니의 경험에서 나온 흑인 여성들의 사랑과 보살핌, 그리고 서로의 삶을 지켜봐 주고, 우리의 이야기를 신성하게 간직하려는 의지에 그 기반을 두고 있다는 것입니다. 어머니의 가장 큰 선물 중 하나는 나에게 여성을 사랑하고 또한 여성인 자신을 사랑하는 법을 가르쳐 준 것입니다. 어머니는 내가 사랑하는 것, 그것을 위해 싸울 가치가 있다는 것에 대해, 그리고 정의를 위해 싸우는 방법에 대해 나의 모델이 되었습니다. 따라서 일정 부분 페미니즘이 나에게 의미하는 것은 여성에 대한 적극적인 사랑과 우리가 처한 사회적, 정치적, 경제적, 성적 및 영적 잠재력을 제한하는 모든 장벽을 제거하려는 노력입니다.

○ 부모님은 어린 시절 내내 나를 매우 존중해 주셨고, 다른 어른들이 무례하게 행동하면 개입하셨습니다. 부모님은 아무리 어른들이라도 나에게 무례하게 말하면 제지하시곤 했습니다. 내가 태어나기도 전에 그들은 이미 나를 정성으로 돌봐주셨고, 나의 출생을 기다렸습니다. 나는 세심한 보살핌과 사랑을 받으며 이 세상에 태어났습니다. 그들은 내가 생각하기에 믿을 수 없을 만큼 세상에서 온갖 종류의 아이디어를 가지고 아이들을 키우는 방법에 대해 알고 있었습

니다. 부모님들은 1970년대 중반 당시에 세계적으로 일어나고 있던 페미니즘적 변화의 영향을 받은 것 같습니다. 젊은 여성인 나와 내 친구는 특히 선생님들로부터 우리가 페미니즘의 영향 아래 자랄 것이며, 자연스럽게 이 단계들을 경험하게 될 것이라는 말을 들었습니다. 우리는 페미니즘이 남성과 동등한 존재라는 것과 문화의 구조를 바꾸는 선택을 하라는 주된 여론에 직면해 있습니다. 젊은 여성들에게 페미니스트라는 정체성을 주장하는 것이 어려울 수 있겠다는 것은 놀라운 일이 아닙니다. 나는 페미니즘에 관한 인식과 더불어 성장하는 것이 특권이며, 그러한 특권을 갖지 않았을 수도 있는 다른 사람들과 관계 맺는 방식에 있어서는 책임이 따른다는 것을 깨닫기 시작했습니다. 이제 학교를 졸업한 이후 나는 중산층, 특권층 및 백인 호주인이 무엇을 의미하는지 더 많이 이해하려고 노력하고 있습니다. 젊은 페미니스트로서 인종, 계급, 이성애 지배 문제를 제기하기 위한 나의 책임은 무엇일까요?

○ 내가 페미니즘에 대해 처음 생각하기 시작한 것은 일곱 살 때였습니다. 내가 설거지를 해야만 하는 동안 창문 너머로 보이는 남자 형제들은 가사노동에 대한 어떤 책임도 없이 크리켓 경기를 하고 있었습니다. 저는 뭔가 옳지 않다는 것을 알게 되었습니다. 어머니는 오빠의 학교에서 학부모회 회장을 하셨지만, 내가 다니는 학교에는 거의 참여하지 않으셨습니다. 이러한 경험은 나에게 무슨 일이 일어나고 있는지 의문을 갖게 했고, 그 의문은 계속되었습니다. 나에게 페미니즘은 그것이 무엇인지, 질문을 하겠다는 결단입니다.

○ 나는 중년기에 페미니즘을 정말 중요하게 생각하게 되었습니다. 어린 시절에 내 경험의 대부분을 형성하고 있는 것은 어머니가 심한 우울증을 앓았다는 것입니다. 그녀의 경험과 이후 우리 가족의 경험은 사람들을 범주화하거나 비하하지 않는 대안적 정신 건강 치료라는 민감한 결정으로 이끌었습니다. 치료자로서 나의 업무에서 페미니즘은 내 치료 작업과 세계를 이해하는 데 핵심적인 영향을 미치게 되었습니다. 페미니즘은 내가 듣고 본 것을 이해하는 데 도움이 됩니다. 이 틀이 내게 소중해진 만큼 있는 그대로 자녀들과 남녀 모두에게 물려줄 수 있기를 바랍니다.

○ 페미니즘에 대한 나의 이해는 성적인 이슈와 씨름하면서 성장했습니다. 레즈비언 커뮤니티의 일원이 되면서 제가 아는 많은 *dykes*(역주: 레즈비언을 일컫는 속어)들이 페미니스트라는 것과 대화와 정치적 행동을 통해 공유되는 그들의 세계관이 저에게는 많은 의미가 있다는 것을 알게 되었습니다. 호주 시골의 이민자 가정에서 여성으로 성장한 제 경험에 페미니스트적 분석을 가져오는 것은, 마치 불을 켜고 많은 이해의 문을 여는 것과 같았고 이전에 이야기되지 않은 많은 나의 경험을 언어화하는 것에 도움이 되었습니다. 그러나 전부는 아니었습니다. 그렇게 단순하게 맞아떨어지는 건 아니었어요! 인종, 문화, 계급, 그리고 섹슈얼리티 역시 그것들을 둘러싼 복잡한 문제가 있었습니다. 처음에는 레즈비언과 마찬가지로 페미니스트도 내가 진심으로 원하고 주장하고 싶은 정체성은 아니었어요. 연합된 자매애를 만들어 가기로 결심한 페미니스트 서클 내에서도 나는 때때

로 차이점을 협상하는 것이 불가능하다는 것을 발견했습니다. 이후 페미니즘 사상이 다양한 방향으로 확장되면서 수수께끼나 모순, 복잡성을 바로 받아들인 건 아니었지만 기대는 하게 되었습니다. 1970년대 후반에 페미니즘을 처음 접한 이후로 나는 여성의 삶을 개선하는 데 앞장서는 조직에서 직장 생활의 대부분을 보냈습니다. 페미니스트 사상은 내가 세상을 이해하는 방식의 중심에 있었으며, '페미니스트'는 이제 내가 자랑스럽게 주장하는 정체성 중 하나입니다.

2 우리 삶에 페미니즘은 어떤 영향을 미쳤는가?

시간이 지남에 따라 되돌아볼 때, 지난 35년 동안 이 나라(역주: 호주) 여성의 삶, 특히 백인 중산층 여성의 삶에 얼마나 많은 변화가 있었는지 생생하게 알 수 있다. 나아가 이러한 변화 중 많은 것이 페미니즘의 영향, 즉 페미니즘적 사고와 페미니스트에게서 영감을 받은 행동으로 인한 사실 또한 분명하다.

이러한 여성의 변화된 삶은 사회복지실천과 치료 분야에도 변화를 가져왔다. 우리는 지금 35년 동안 얼마나 많은 변화가 있었는지에 대해 독자들에게 간략히 이야기하고자 한다.

페미니즘은 직장 여성에게 엄청난 변화를 가져왔다. 35년 전에는 여성과 남성의 임금이 동등하지 않았다. 남성은 같은 일을 하는 여성보다 더 많은 임금을 받았으며, 사회복지실천과 같이 여성이 대다수인 분야에서도 남성은 졸업하자마자 여성 근로자를 감독하고 관리하는 고위 직책을 부여 받았다. 설상가상으로 여성들은 결혼하면 직장을 떠나야 했다. 오늘

날의 출산휴가(육아휴직은 고사하고)에 해당하는 것은 없었고, 공공 보육서비스도 존재하지 않았다. 게다가 소녀들과 여성들을 위한 교육이 높게 평가되지 않았기 때문에 고용으로 나아가는 경로가 심각하게 제한되었었다. 이 모든 것이 35년 동안 바뀌었다. 대다수 호주의 젊은 여성들은 이제 자신의 권리로서 남자 형제들처럼 교육과 고용에 대한 동등한 기회를 기대한다. 이러한 심오한 변화는 페미니스트의 행동으로 인한 것이다.

35년 전에는 가정 폭력, 강간 또는 아동 성 학대를 설명하기 위해 오늘날 존재하는 것과 같은 언어가 없었다. 친밀한 관계에서 폭력을 피할 수 있는 여성을 위한 쉼터가 없었고, 강간 위기 대응센터도 없었다. 아동 학대에 대응하는 서비스도 없었다. 페미니즘은 여성에 대한 폭력 문제를 조명하였고, 여성이 찾아갈 안전한 장소를 마련하였다. 법 개정도 요구했다. 결혼 생활 중 강간을 금지하는 법이 도입 되었다(이전에는 합법이었다). 부부의 권리(결혼한 여성과 성관계를 가질 수 있는 남성의 권리 - 비록 별거하더라도)가 뒤집혀 졌다. 스토킹 금지법을 도입하고 여성의 안전을 최우선으로 하는 법 제정 운동을 벌였다. 중요한 것은 여성이 폭력적인 상황에서 벗어날 수 있도록 사회적으로 보장하는 지원이 확립되었다는 것이다.

아동 성 학대를 둘러싼 인식의 변화가 아마 가장 놀라운 것일 것이다. 근친상간이 거의 언급되거나 표현되지도 않았던 곳에서 페미니즘은 아동 성적 학대의 만연한 영향에 대해 새로운 각성을 가져왔다. 비프 워드(Biff Ward)의《부녀 강간(Father-Daughter Rape)》(1984)과 같은 책들도 이러한 문제를 권력 관계와 학대의 하나로 재개념화했다. 이러한 새로운 인식과 함께 서비스와 법적인 변화의 측면에서 새로운 반응들이 나타났으며, 아동 중인 지원 프로그램이 수립되었다. 시간이 흐르면서 아동 성학대 문제에 대한 페미니스트 여성들의 작업은 남성들과 소년들에 대한 성 학대를 인정하고 지원하는 것까지 가능하게 했다.

동시에 페미니즘은 여성으로서 우리 자신의 몸과 관계 맺는 방법에 대한 새로운 가능성을 가져왔다. 과거에는 우리의 몸과 경험이 남성들의 주관적인 세계에서 쓰여지고 묘사된 반면, 이제는 이 모든 것이 변하기 시작했다. 《우리의 몸, 우리 자신(Our Bodies, Our Selves)》(1970년에 처음 출판됨, 보스턴 여성건강 전집, 1998)과 같은 획기적인 출판물은 여성들에게 우리 자신의 몸을 돌보고 자부심을 갖는 새로운 방법을 제공하기 시작했다. 같은 시기에 여성들의 건강에 관한 서비스는 여성 중심적 관점에서 이전과 완전히 다른 지원과 건강 관리를 제공하기 시작했다. 이러한 변화에는 섹슈얼리티와 성행위에 대한 재평가도 포함되었다. 《질 오르가슴의 신화》(Koedt, 1970)와 같은 출판물은 이성 간의 성적 관계가 어떻게 구성되어 졌는지, 여성에 대한 성적 상상력을 확대시킬 여지가 어떻게 만들어져 왔는지에 대해 의문을 제기했다. 레즈비언 및 게이 해방 운동가들의 활동은 당연하게 여겨지는 이성애의 지배에 의문을 제기하고, 여성이 자신의 삶을 영위할 수 있는 방식에 관한 새로운 선택들을 만들었다.

출산과 낙태 문제도 핵심적인 변화 영역이었다. 출산이 남성 의사들이 지배하는 영역이었다면, 페미니즘은 여성이 산통 중, 출산 중, 출산 후 지원받는 방식의 변화를 요구했다. 출산과 임신에 대한 여성의 경험과 지식이 계속해서 발전되면서 가정 분만, 분만 클리닉, 조산사의 업무에 대한 존중이 높아진 것이 주요 발전이었다. 낙태의 합법화와 신뢰할 수 있고 안전한 형태의 피임법의 개발 또한 페미니스트 투쟁의 주요 결과였으며 과거에는 상상할 수도 없었을 만큼 여성의 삶에 변화를 가져왔다.

부모가 되는 것은 이제 선택의 문제가 되었지만, 여러 세대 동안 여성에게는 그것이 의무였다. 직장, 가정, 사회 모두에서 더 많은 변화가 있었다. 한때는 여성이라는 것에 자부심을 갖는 것을 상상하기 어려웠지만, 이제는 많은 여성들의 정체성에 있어 중심이 되는 측면이다. 과거에는 여성이 가정생활의 모든 문제나 어려움에 대해 일상적으로 전적인 책임을 져야 했지만, 이제는 가족 문제를 논의할 때 여성을 비난하는 것만이 유일한 수단은 아니게 되었다.

페미니즘 - 내 삶에서의 의미
- 조이 카잔

페미니즘은 나에게 가족, 학교 교육, 개인적 관계, 공동체 그리고 사회 전체에서 성차별의 영향에 맞서 투쟁한 역사를 상징합니다. 내 인생의 처음 24년 동안 나는 내 억압의 경험을 담아 낼 페미니즘적 틀이 없었습니다. 그러나 나는 어떤 면에서 남성은 권력을 갖고 여성은 권력을 갖지 못하는 시스템의 억압과 불평등에 대한 인식, 즉 페미니스트 의식 같은 그 시작점은 가지고 있었습니다. 내가 25세가 될 때까지 했던 내 인생의 모든 분야의 다양한 시위를 돌이켜보니, 나는 고립되고 내 입장에서 지지받지 못하는 자신을 마주하게 됩니다. 사실 나는 종종 미치거나 화난 것처럼 보였습니다. 왜냐하면 나는 현 상태를 받아들이지 못했기 때문입니다.

이 역사의 전환점은 내가 어린 자녀를 둔 페미니스트 여성 그룹을 만나 협동 놀이그룹과 공동 육아그룹을 결성했을 때 일어났습니다. 아이들이

노는 동안 우리는 1960년대의 페미니스트 작가들에 대해 읽고 이야기했습니다. 나는 집에 온 듯 편안하게 느꼈습니다. 내 생각이 검증되었고, 내가 삶에서 제시하고 공식화했던 주장이 담긴 것들이 이미 활자화되어 있었습니다. 이러한 틀을 가지게 되었고, 또한 친구들의 지지 덕분에 결혼 생활에서 성별 고정관념에 도전하고 마침내 떠날 수 있는 자신감이 생겼습니다. 나는 페미니스트들의 책에 의해 인정받았고, 친구들과의 토론은 그 이후로 해방과 깨달음의 원천이 된 실천적인 분석적 도구를 제공했습니다.

　강력한 영향을 미친 작가 중 한 명은 《여성과 광기(Women and Madness)》(1972)를 쓴 필리스 체슬러(Phyllis Chesler)였습니다. 최근에 이 책을 다시 읽었을 때 어투가 논쟁적이고 공격적인 것을 발견했습니다. 그러나 그 때로 돌아가면 그 이야기가 계시였던 이유를 알 수 있는데, 저는 22세 때 아들을 낳은 후 심각한 산후 우울증을 경험했습니다. 이 우울증의 원인 중 하나는 내가 전통적인 결혼에서 이성애자인 여성으로 계속 살고 있다는 것이었습니다. 나는 정신병원에서 8주를 보내며 집중적인 충격 요법과 약물 요법을 견뎌냈습니다. 그러나 결혼 생활이 끝날 때까지 나는 정신적으로 불안정한 사람으로 간주되고, 내 아이를 양육하기에 적합하지 않은 사람으로 간주될 것이라는 사실은 매우 분명해졌습니다. 퇴원 허가를 받으려면 결혼 생활을 계속할 것이라는 데 동의해야 했습니다. 3년 동안 나는 우울증이라는 안개 속을 걷는 것 같았고, 내 경험이 어떠했는지, 그것에 대해 무엇을 느꼈는지 표현할 수 없었습니다. 체슬러의 책에서 내 경험을 설명할 수 있는 틀을 제공 받았는데 각성되는 기분이었고, 내 삶의 깨어진 모든 조각들이 제자리에 놓이게 되는 회복을 축하하고 싶었습니다.

3 치료영역에 페미니즘은 어떤 영향을 미쳤는가?

페미니즘은 여성과 가족의 삶에 변화를 가져왔을 뿐만 아니라 치료자 업무의 변화에도 영향을 미쳤다. 이러한 변화가 널리 퍼져 있기 때문에 때때로 페미니즘 이전의 치료영역이 어땠는지 기억하기조차 어려울지도 모르겠다. 아마도 가장 큰 변화의 하나는 젠더의 문제가 이제 치료적 노력과 관련된 것으로 인정된다는 것이다. 한때 '젠더 중립적'으로 보였던 치료영역에서 이제 젠더 관계가 단지 개인과 가족의 경험을 형성할 뿐만 아니라 치료적 대화에도 영향을 미친다는 것이 알려졌다(Hare-Mustin, 1978). 페미니즘 사고 이전의 교과서와 상담교육은 남성의 경험을 기준으로 삶을 평가했다는 점에서 남성 중심적이었고, 한때 그렇게 가정하는 젠더 특성은 의심의 여지가 없었다.

초기 페미니스트 가족 상담사들은 젠더 분석을 치료적 연구에 도입하기 시작했다. 이런 여성에는 레이첼 해어 머스틴(Rachel Hare-Mustin 1978, 1987), 해어 머스틴과 마레첵(Hare-Mustin & Marecek, 1990), 마리안 월터스(Marianne Walters), 베티 카터(Betty Cater), 페기 팝(Peggy Papp) 및 뉴욕 여성 프로젝트의 올가 실버스타인(Olga Silverstein, 1988), 모니카 맥골드릭(Monica McGoldrick), 캐롤 앤더슨(Carol Anderson) 및 프로마 월시(Froma Walsh, 1989)가 포함된다. 여기 호주에서 케리 제임스(Kerrie James)의 영향력 있는 기조연설인 《젠더의 사슬을 끊어라(Breaking the chains of gender)》는 초기의 연구 사례였다(James 2001; James & McIntyre, 1983). 이러한 페미니스트 연구는 사람들의 삶과 가족 관계를 이해하는 새로운 방법을 열었고, 따라서 사람들이 치료에 가져온 문제를 이야기하는 방식에 대해서도 새로운 가능성을 창조하였다.

'개인적인 것이 정치적인 것이다'라는 문구는 페미니즘의 주요 이론적 기여 중 하나를 보여 준다. 이 문구는 보다 광범위한 권력 관계에 의해 영향을 받는 개인의 경험을 이해하고자 하는 노력을 나타낸다. 이런 식으로 여성의 개인적인 경험은 그녀 자신만의 것이 아니라 다른 여성의 경험과 연결되고 보다 넓은 정치와 연결된다. 이러한 개인적인 경험과 더 넓은 정치적 연결은 시민권 운동, 블랙(Black) 파워, 동성애자 해방과 같은 사회 변화를 이끄는 여러 다른 운동들의 핵심 측면이기도 했지만, 더 정교화해 나간 것은 페미니즘이었다.

우리는 '개인적인 것이 정치적인 것'이라는 페미니스트 의식이 치료적 작업을 변화시킨 다양한 상황을 여기에 나열하고자 했다. 다음의 사례는 모두 페미니즘이 치료적 실천에 영향을 미친 것들이다.

○ 여성이 우울증 때문에 치료를 필요로 할 때 우울증의 보다 넓은 맥락을 살펴보기. 빈곤과 관련한 사회경제적 이슈, 또한 성차별/이성애가 어떤 방식으로든 이 우울증을 뒷받침하고 있는 전제들과 그녀의 상호관계에 관련하여 주의를 기울이기. (위에서 언급한 바와 같이 필리스 체슬러의 작업은 정신 건강 경험의 젠더화된 특성을 정치화하는 데 중요한 역할을 했다.)

○ 폭력과 학대 행위에 대한 책임이 피해를 입은 사람에게 부가되지 않도록 보장하고, 대신 폭력과 학대를 저지른 사람과 이런 폭력과 학대를 더욱 만연하게 만드는 보다 광범위한 권력 관계에 책임을 묻기.

○ 여성과 아동이 치료 세션에서 말할 수 있는 동등한 기회를 제공하고 문제에 대한 자신의 경험과 의견을 표현할 수 있도록 다루기.

○ 아동학대 신고 의무화하기.

○ 여성에게 남성 또는 여성 상담사를 만날 수 있는 선택권을 제공하고, 이것이 불가능한 경우 성별 문제가 상담 맥락에 어떻게 영향을 미칠 수 있는지에 대해 인식하고 투명하게 하기.

○ 치료에서 아동을 만날 때 난폭한 행동, 무단결석, 두려움 또는 공포증과 관련하여 치료 중인 아동에게 항상 학대의 가능성(학교 또는 가정에서)이 있는지 확인하기.

○ 여성이 자신 있게 치료에 참석할 수 있도록 보장하기. 여성이 말하는 내용이 파트너에게 전달되지 않도록 하기.

○ 가정 폭력과 아동 학대 발생에 대해 보다 넓은 문화 속에서 개방적으로 이야기하도록 주의를 기울이고, 치료에 참석하는 사람들이 이에 대해 이야기할 수 있도록 하기.

○ 어머니에 대한 비난과 여성에 대한 비난을 담론화하는 영향력에 지속적으로 주의를 기울이고, 이를 명명하고 영향력을 해체하는 방법을 찾기.

○ 여성의 경험과 관련하여 신경 안정제 사용의 역사를 인식하고, 약물 사용과 관련하여 상당한 주의를 기울이기.

○ 전문가로서 저술과 발표에서 치료자 자신의 개인적 경험을 공유하겠다고 약속하기.

○ 전문직 내에서 일어나는 성 학대를 방지하고, 질문하고, 명명하겠다고 결심하기.

○ 여성이 성적 어려움과 관련하여 치료를 받을 때, 과거에는 예를 들어 성적인 어려움을 겪는 여성들을 종종 '냉담한' 또는 '성기능 장애'라고 하였으나 이제는 여성의 성 문제가 전통적으로 병리화되고 개별화되었던 방식에 대해 더 잘 이해하게 되었다. 이제는 그렇게 설명하는 과거의 맥락을 해체하고 대안적인 설명을 모색하도록 시도하기. 성행위와 관련된 젠더 및 책임 문제를 훨씬 더 많이 고려하기.

○ 지금은 치료자들이 스스로 있을 수 있는 아주 광범위한 페미니스트 문헌들이 있다. 그래서 치료에 사용할 뿐만 아니라 내담자들도 읽을 수 있도록 하기.

치료 노력에 대한 이러한 심오한 변화뿐만 아니라 페미니스트적 이해는 사회복지실천과 같은 더 넓은 직업 분야에도 강력한 영향을 미쳤다 (Hartman & Laird, 1983; Hartman, 1994). 페미니스트적 사고와 행동의 물결은 이제 널리 퍼져 나가 있다.

4 이야기치료에 있어 페미니스트의 주요한 기여는 무엇인가?

이야기치료에 대한 페미니스트의 기여를 고려할 때 인정해야 할 중요한 두 가지 영역이 있다. 첫 번째는 페미니즘의 개념에서 나온 이야기적인 생각들이 명백히 친(親)페미니스트(pro-feminist)[1]적이었던 시기에 이야기치료가 개발되었고 치료환경에 영향을 미쳤다는 것이다. 인정해야 할 두 번째 영역은 페미니스트 이야기치료자의 작업이다.

먼저 가족 치료 내에서 특정 가정에 의문을 제기할 때 페미니스트 아이디어가 수행하는 중요한 역할과 그 질문이 호주와 뉴질랜드에서 이야기치료의 발전에 어떤 영향을 미쳤는지 고려하는 것이 유용할 수 있겠다.

페미니스트 사상은 가족 치료의 더 넓은 맥락에서 다양한 이론들의 전제가 젠더와 권력 관계의 문제를 어떻게 간과했는지 지적하는 데 결정적인 역할을 했다. 예를 들어, 구조적 가족 치료 내에서 가족의 전통적인 구조로만 가정된 구조가 여성과 어린이의 삶에 어떤 영향을 미치는지에 대해 의문을 갖게 했다. 또한 전략적 가족 치료는 성별에 따른 영향 측면에서 의문을 갖게 했으며, 체계론적 치료의 일부 측면도 역시 비판을 받았다. 페미니스트 가족 치료자들은 가족 체계 내 권력의 차이가 무시될 때 치료가 의도하지 않게 젠더의 현상황을 유지하는 것과 관련된다는 것을 지적했다(Walters, Carter, Papp, & Silverstein, 1988).

페미니스트 작가들은 남성과 여성의 역할, 정체성 고정관념, 남성의 지배와 여성의 복종에 대한 가정들이 치료적 맥락에서 부주의하게 재생산되는 방식을 설명하기 시작했다(Hare-Mustin, 1987). 특히 남성이 여성에게 가한 폭력과 관련하여 우려되는 부분이었다. 페미니스트 치료자들은 '시스템에서 폭력은 어떤 목적으로 작용하는가?'와 같은 질문의 실제 효과를 조사했고, 어떻게 그러한 폭력과 관련된 권력 관계를 의도치 않게 모호하게 했는지 지적했다. 동시에 일부 페미니스트 치료자들은 레즈비언의 경험에 응답하는 가족 치료의 책임에 대해 글을 쓰기 시작했다(Roth, 1985).

점차 페미니스트적 사고가 이 분야에 영향을 미치기 시작했다. 가족 치료의 여러 학파들은 가족의 어려움이 발생하는 젠더의 맥락, 그리고 가족의 어려움들이 유지되게 만드는 아이디어와 신념들을 더 많이 고려하기 시작했다.

문제가 발생하는 젠더의 맥락과 또한 문제를 유지시키는 데 기여하는 아이디어와 신념을 가족의 어려움으로 가져오기 시작했다. 페미니스트 치료자들 또한 여성의 경험이 주변의 다른 사람들(종종 남성)이 아니라, 여성 자신에 의해 정의되고 설명돼야 한다고 주장하기 시작했다. 자신의 문제와 자신의 삶을 정의하는 여성에 대한 이러한 주장은 여성의 경험이 '전문가'(종종 남성)에 의해 정의되고 설명되는 전문적인 치료에 대한 광범위한 비판으로 이어졌다.

페미니스트들이 이러한 치료 관행에 의문을 제기하는 동안 가족에 대한 질문이 동시에 지속적으로 이어졌다. 특히 페미니스트들은 핵가족이 많은 여성들과 어린이들에게 얼마나 위험한 곳인지 가시화했고, 실제로도 계속해서 그런 점을 지적했다. 핵가족 구조를 지원하는 치료의 실제가 이러한 구조적인 유해한 영향에 대한 조사 없이 지원되는 것에 의문을 품었다(James & McIntyer, 1983). 점차 사람들은 원가족과 생물학적 가족뿐만 아니라 선택한 가족에게도 더 많은 주의를 기울이기 시작했다.

이것이 이야기치료가 발전한 역사적 맥락이었다. 치료에서 여성의 경험에 많은 에너지와 관심이 있었던 시기였으며, 그 시대의 페미니스트 사고가 이야기치료의 발전을 의미 있게 형성했다(White, 2001).

이야기실천에 대한 페미니스트 사고의 영향은 그저 역사적인 것만은 아니다. 오히려 그것과는 거리가 멀게도, 세계 각지의 다양한 페미니스트 실천가들이 그들만의 방식으로 이야기에 대한 생각들에 참여하고 있으며, 차례차례 이러한 작업 방식의 발전에 깊이 기여하고 있다. 이야기치료에 대한 페미니스트의 기여를 철저히 검토하는 것은 이 짧은 글의 범위에는 속하지는 않는다. 그러나 이야기치료 문헌을 잠깐만 살펴보아도 페미니스트 활동가들이 이야기치료의 발전에 다양하고 광범위한 기여를 해왔고, 계속해서 기여하고 있음이 분명하다. 여기서 우리는 페미니스트 활동가들이 상당한 공헌을 한 다양한 영역을 간단히 나열했는데, 독자들에게 추가 정보를 제공하기 위해 다음의 참고문헌으로 초대한다.

· 성폭행을 경험한 여성들과의 이야기치료 (McPhie & Chaffey, 1998);

· 여성에 대한 폭력 (Lester, 2001; WOWSafe(Women of the West for Safe Families), 2001);

· 성 학대의 생존자들과 함께 하는 이야기치료 (Kamsler, 1990; Freer,

1997; 너무 긴 침묵, 2000, Linnell & Cora, 1993; Bird, 2000; Mann & Russell, 2002; Bracho, 2002);

· 치료 장면의 동성애 혐오에 도전하기 (Hewson, 1993; Comment, 1995);

· 섭식 문제 (Kraner & Ingram, 1998; Grieves,1997);

· 자해 (Nosworthy & Lane, 1998);

· 목소리를 듣는(역주: 환청) 여성의 경험 (우리의 여정의 힘, 1999);

· 여성의 기술과 지식을 공유하고 생존한 이야기를 들려주는 개인적인 작업 (Nichols, 1999; Kathy, 1999);

· 개인적인 것과 정치적인 것을 연결하는 치료자의 개인적인 작업 (White & Hales, 1997; Anderson, 1995);

· 커플과 작업할 때의 젠더에 대한 고려 사항 (Freedman & Combs, 2002);

· 문화 및 젠더 관련된 고려 사항 (Tamasese, 2001);

· 페미니스트 관련 윤리 문제 (McGrath, 1999; Speedy, 2001);

· 섹슈얼리티 및 성 정체성 문제 (Gibian, 1999);

· 페미니스트에 기반을 둔 지역사회 활동 (Sliep, 1996; Carey, 1998; Bracho, 2000);

· 질병에 관한 이야기 (Weingarten, 2001);

· 전문가 집단 내에서의 성 학대 (Epston, 1993);

· 어머니 역할 (Howard, 2001; Weingarten, 1997).

페미니스트적 사고는 이 분야의 많은 남성들의 치료영역에 영향을 미쳤으며, 특히 폭력과 아동에 대한 성 학대 문제를 해결하는 이슈과 관련하여 분명하게 인정되었다(Jenkins, 1990; Law, 1994; White, 1995; O'Leary, 1999). 페미니스트 이야기치료자들의 공헌은 훨씬 더 광범위하다. 우리는 또한 여성들과 페미니스트 사고가 공개회의 및 토론, 치료대화, 수퍼비전 관계, 회의 및 출판 방식에 기여한 공헌을 인정하고자 한다.

5 페미니즘과 이야기치료의 어떤 부분이 서로 부합하는가?

페미니즘은 치료자로서 전반적인 치료의 실천에 의문을 제기하도록 계속해서 우리를 초대하고 있으며, 이 장(章)의 말미에서도 나오는 우리가 현재 하고 있는 치료의 많은 영역들을 고찰해 볼 것이다. 그러나 우리 생각에는 페미니즘의 원칙과 이야기치료는 많은 부분들이 일관되게 부합된다. 이런 측면들은 페미니스트 활동가로서 우리가 가장 관심을 갖고 있고, 특히 전념하게 되는 이야기치료의 측면이다. 여기에서 우리는 이러한 실천 주제 중 몇몇과 그리고 왜 이 주제가 우리가 소중히 여기는 페미니스트 원칙과 공통 기반이라고 믿는지 설명하고자 했다. 우리는 이야기치료가 페미니스트 원칙을 적용할 수 있는 유일한 치료 모델이라는 것을 암시하려는 것은 아니다. 오히려 우리는 이러한 우리의 작업이 페미니스트 가치에 의해 어떻게 영향을 받는지에 대해 명확히 하는 데 관심이 있다.

문제의 외재화 - 사람이 문제가 아니다

이야기치료의 주요 기여 중 하나는 문제를 사람들의 내부에 있다고 파악하는 것이 아니라 문제를 외재화하고, 문제가 구성되고 경험되는 방식이 문화 및 역사의 문제와 관련되어 있음을 이해하는 것이다(Carey & Russell, 2002; Epston & White, 1990). 외재화 대화에는 문제가 무엇인지 규정하기(사람과는 별도로), 역사와 스토리라인에 문제를 위치시키기, 개인의 삶과 관계에 대한 문제의 영향을 추적하기가 포함된다. 이러한 방식으로 문제가 외재화되면 독특한 결과(사람이 문제의 영향에 저항한 시간과 방법)를 찾아낼 수 있게 되고, 점차 대안적인 스토리라인들로 짜여질 수 있다. 이러한 외재화 지향성은 페미니스트 원칙과 일치하는 방식으로 치료에 관여할 수 있다고 믿는다. 이를 위해, 저시 베르코가 제공한 다음 사례를 보자:

어떤 사람이 나에게 상담을 요청할 때, 나는 그들이 겪고 있는 문제가 그들의 삶의 전체 맥락과 어떤 관련이 있는지 관심이 있습니다. 많은 사람들이 다른 전문가, 친구나 친척, 또는 아마도 그들 자신이 그들에게 준 진단이나 라벨을 가지고 상담실 문으로 들어옵니다. 여성이 자신을 묘사하는 진단이나 라벨에는 산후우울증, 거식증, 폭식증, 광장공포증, 신경증, 우울증, '간헐적 폭발 장애' 등이 지속적으로 거론되고 있습니다.

그들이 다루고 있는 문제에 대해 이러한 내재화된 설명을 사용하는 대신, 나는 문제에 대해 외재화된 정의, 즉 여성 자신의 경험과 밀접하게 일치하는 정의를 이끌어내는 데 관심이 있습니다. 그것은 '절망'이 그녀를 밀어붙이고 있다는 것일 수도 있고, '두려움'이 그녀의 삶을 지배하게 되었다는 것일 수도 있고, '슬픔'이 요즘 그녀를 너무 자주 찾아와서 쇠약해졌기 때문일 수도 있습니다. 여성의 시각으로 문제가 무엇인지 파악한 후, 나는 이 문제의 역사에 대해, 그것이 그녀 인생의 더 넓은 맥락에 어떻게 부합하는지 듣고 싶습니다. 나는 여성의 중요한 관계와 이러한 관계가 문제에 어떤 영향을 미치거나 영향을 받는지 듣고 싶습니다. 나는 특히 그녀의 삶의 광범위한 맥락이, 그녀가 채택하는 자신에 대한 문제를 기술하는 데 어떻게 도움이 되었는지 관심이 있습니다.

예를 들어, 나는 오랫동안 신경성 식욕부진증을 앓아 삶에 영향을 받은 앤이라는 여성과 얼마 동안 상담을 했습니다. 거식증은 그녀가 누구였고 어떻게 살아왔는지에 대한 그녀의 이해를 완벽하게 형성했습니다. 거식증은 자신이 더 이상 살 권리가 없는 나쁜 사람이며, '자신이 죽으면 세상에 도움이 될 것'이라고 생각하게 했습니다. 앤은 평생 동안 여러 정신 병원을 들락날락했으며 자신이 정신과적으로 불균형하다고 믿게 되었습니다.

내가 앤을 만났을 때, 나는 거식증이 그녀의 생활에서 어떤 역할을 했는지, 특히 그것이 그녀를 지배하는 방식과 관련하여 알고 싶었습니다. 우리는 권력과 그것이 그녀에게 불리하게 사용된 방식에 대해 많은 토론을 했습니다. 앤은 아주 어릴 때부터 자신의 삶에 발언권이 있다고 느낄 기회가 매우 제한적이었고, 자신이 선택한 방향으로 삶을 형성해 갈 수 없었다고 말했습니다. 그녀는 어렸을 때 성 학대를 받았고 그 후 수년 동안 남편에게 신체적, 정신적 학대를 받았습니다. 그녀가 학대적인 관계를 떠났을 때, 거식증이 찾아와 그녀의 삶의 방향을 계속해서 지시했습니다. '마치 전쟁 중인 군인이 내 머릿속에 살고 있는 것 같았다.'고 했습니다. 그녀는 인생에서 자신이 하고 싶은 일을 하거나 자신이 원하는 방식으로 인생을 사는 것을 생각하는 게 너무 무서웠다고 말했습니다.

거식증을 그녀와 분리해 내면서 앤은 거식증이 그녀를 사로잡을 수 있었던 방법을 알게 되었습니다. 우리는 학대와 같은 그녀의 삶의 맥락에서 일어나고 있는 많은 일들과 그녀를 거식증에 붙잡아두려 취약하게 만든 정신과 시스템의 지속적인 개입을 함께 조사했습니다. 또한 학대와 폭력의 맥락 안에 존재하는 권력 관계를 '해체'할 수 있는 기회도 있었고, 앤에게는 그녀가 받아들인 자신에 대해 도움이 되지 않았던 믿음이 그것을 구성한 맥락에 속한다는 것을 알 수 있었습니다. 이러한 도움이 되지 않는 신념이 곧 그녀가 어떤 사람인지에 대한 총체적인 합을 의미하는 것은 아닙니다.

앤의 삶에서 문제(거식증)가 발생한 역사와 맥락에 대한 이런 외재화 입장과 탐색은 우리가 더 넓은 권력 관계와 불공정한 입장들을 명명하고 인정할 수 있게 해주었습니다. 또한 여성으로서의 앤의 경험이 권력 남용에 의해 어떻게 형성되었는지에 대한 탐색을 가능하게 했습니다. 시간이 지남에 따라 거식증이 외재화되면서, 앤은 자신의 삶을 그 영향으로부터 되찾을 수 있었던 시기, 그녀가 자신의 건강과 웰빙을 유지하기 위해 시도했던 방식, 그리고 그녀가 친구 및 가족과 관계를 유지했던 방식을 알아차리기 시작할 수 있었습니다. 그녀의 삶에 대한 이러한 대안적인 이야기가 더 많이 인정됨에 따라 앤은 웃음을 되찾았고, 더 많은 회복의 단계를 밟았습니다. 앤은 그녀가 '더 이상 심연의 가장자리에 있지 않고', 거식증이 더 이상 그녀를 예전처럼 제어할 수 없음을 보여 주기 때문에 이러한 대안적 이야기가 그녀의 삶에서 되찾아야 할 가장 중요한 것이라고 말합니다. 이 과정에서 앤의 정체성에 대한 이야기도 바뀌었습니다. 미쳤다는 개념에서 벗어나 생존의 이야기를 인정하는 쪽으로 바뀌었습니다. '나는 미친 게 아니라, 나를 미치게 만드는 시간들을 지나왔다'고.

문제를 외재화하는 이야기치료는 외재화된 문제를 역사와 문화의 더 넓은 맥락에서 찾은 다음, 선호하는 스토리라인으로 연결될 수 있도록 독특한 결과를 위해 개인의 삶을 탐구한다. 이런 광범위한 사회적, 역사적 실제와 개인적 경험을 연결하는 것은 페미니즘 원칙에도 부합한다.

문제가 사람의 외부에 위치함에 따라 치료대화에서 성별, 계층, 문화, 인종, 섹슈얼리티 및 장애 여부가 더 중요하게 고려된다. 외재화된 문제를 지탱하는 역사와 맥락을 들여다볼 때, 더 광범위한 권력 관계가 문제의 구성에 기여한 방법으로 인정될 가능성이 높아진다. 예를 들어, 최근에 이혼을 하고 경제적 여력이 거의 없는 어린 자녀를 양육하고 있는 여성을 만났을 때 문제의 이름을 '우울증'이 아닌 '소진'이라고 하면 경제 및 젠더 관계를 인정할 가능성이 높아진다. 유사하게, 여성의 정신이나 약물 치료의 관점에서 해결책을 찾는 것이 아니라면, 행동 영역인 안도감과 보상을 추구하는 것뿐만 아니라 여성이 자녀를 키우기 위해 애쓰고 헌신한 소중한 가치를 이끌어내는 방식으로 그녀의 인생 이야기를 다시 쓰는 것이 포함될 것이다.

스토리텔링 - 대안적 이야기를 찾고 함께 구성하기

이야기치료 작업의 두 번째 핵심 주제는 '이야기'와 특정 맥락에서 특정한 방식으로 특정 스토리를 전달하는 영향력에 초점을 맞추는 것이다 (White, 2001). 이것은 우리에게 여성을 지지하는 청중과 함께 자신의 삶과 경험에 대한 이야기를 할 수 있도록 하여, 그들(청중)로부터 새로운 의미를 만들고, 경험의 변화를 이끌도록 하는 오랜 페미니스트의 활동과 일치한다(Laird, 1989, 2001).

1960년대와 1970년대의 여성해방운동과 페미니즘 의식향상(consciousness-raising) 그룹들은 무엇보다도 여성들이 함께 만나 자기 인생의 이야기를 공유하고 분석하며, 여성으로서의 서로의 경험을 연결하는 것의 중요성을 강조했고, 그런 작업은 여성 중심의 해석을 가능하게 했다.

여성의 주변부 또는 '이야기되지 않은' 경험을 이야기할 공간으로 만들어 내려는 페미니즘의 결단은 다양한 이야기치료의 실천과 잘 맞는 것 같다. 이야기치료에서는, 선호하는 정체성 이야기와 대안적 이야기를 이끌어 내고, 두텁게 만드는 데 특별한 주의를 기울인다. 독특한 결과는 다음의 예에서 볼 수 있듯이 선호하는 스토리를 말하고 공동으로 저작하는 기회가 된다.

나탈리가 약속을 잡기 위해 전화를 걸었을 때 그녀는 내가 자격을 갖춘 '정신과 의사(역주: 'shrink' 정신과 의사를 낮춰 부르는 말)'인지 반 농담으로 물었습니다. 내가 그녀에게 '자격'이 무엇을 의미하는지 물었을 때, 그녀는 '정신과 병원에 집어넣을' 누군가를 만날 필요가 있다고 말했습니다. 만약에 그녀가 여전히 나를 만나고 싶다면, 그녀가 정신과 병원에 집어넣어질 필요가 있다고 생각하게 만든 게 무엇인지 살펴볼 수 있을 것이라고 설명했습니다. 상담을 해보기로 동의하고, 며칠 후 나는 태도와 언어 사용 방식이 '보통'에서 확실히 벗어난 독특하고 활기찬 옷차림의 18세의 젊은 여성을 만났습니다.

그녀의 가족과 친구들이 그녀의 정신 건강 상태에 대해 말해 준 몇 가지 사항에 대한 우려를 탐색하면서, 나탈리의 어린 시절로 거슬러 올라가 역사가 있는 '다르게 하기'에 대한 이야기가 나왔습니다. 다섯 살 때 잠옷을 입고 학교에 가기부터 시작해서 12세에 3~4개월 동안 고기를 먹은 사람과 대화하기를 거부하기, '삭발한' 머리하기, 자동차 정비 공부하기, 최근에는 고모의 주 간병인이 되기라는 결정까지 나탈리는 '자신이 해야 할 일'을 한 적이 없었습니다. 그녀는 부모님이 원하는 대로 옷을 입지 않았고, 부모님이 제안한 직업을 선택한 적이 없었습니다. 마지막 다닌 학교의 상담자는 부모에게 나탈리의 경계성 성격장애의 조기 발현 가능성을 평가해 보아야 한다고 했습니다. 그녀의 친구들은 일반적으로 나탈리의 다른 점을 인정했지만, 그녀의 고모를 위해 주 간병인이 되기로 한 최근 결정은 그녀의 심리적 안정에 대해 의심케 했습니다.

나탈리가 자신에게서 가져온 지배적인 이야기 중 하나는 '정신적 불안정'이었지만, 시간이 지나면서 우리의 대화는 나탈리의 행동을 이해하는 다른 방법에 대해 탐색해 나갔습니다. 그녀의 행동이 학교 상담자가 말한 '모든 규범에 대한 반항'에 의해 결정되는 것이 아니었고, 나탈리의 인생에서 결정을 내리는 데 지침이 되는 대안적인 이야기의 실마리를 듣기 시작했습니다. 그것은 공정성의 개념을 특권화한 이야기였습니다. 사람들이 나탈리의 정신 건강에 대해 걱정하게 만든 각각의 행동을 탐색해나가자, 나탈리는 자신의 행동이 '공정에 대한 실천'에서 비롯된다고 했습니다. 그녀는 사람들이 동물을 먹는 것이 불공정하고, 여학생들이 남학생들과 다른 방식으로 옷을 입는 것, 그리고 여전히 매우 활동적인 그녀의 연로한 고모에게 필요한 것은 '몇 명의 친구'뿐인데 요양원에 가야 한다는 것이 불공정하다고 했습니다.

'공정에 대한 실천'이라는 이 대안적인 이야기를 끌어내기 시작하면서, 우리는 다른 사람들에게 이 실천을 알아차렸는지 그리고 그것이 그들에게 어떤 의미인지 물을 수 있었습니다. 이것은 나탈리 가족들과의 대화로 이어졌고 우리는 나탈리가 학교에서 어떻게 그녀의 여동생과 친구들을 옹호했었는지를 듣게 되었습니다. 또한 나탈리 가족의 실천이 다른 사람들에게 어떤 영향을 미쳤는지 들었습니다. 이 '공정에 대한 실천'이라는 대안적인 이야기의 역사를 따라가면서, 우리는 그런 원칙적인 입장을 취한 나탈리 가족의 역사에 대해 이야기하기 시작했습니다. 의미심장하게도 우리는 나탈리의 연로한 고모(현재 나탈리가 돌보고 있음)가 항상 어떻게 자신의 삶을 살았는지 듣게 되었습니다. 이 고모는 결혼하지 않았으며 그 시대의 여성으로서는 매우 색다른 삶을 살았습니다. 개인적으로, 나탈리는 그녀의 고모가 레즈비언일 수 있다고 생각하며, 이것이 나탈리가 함께 이야기할 수 있기를 바라는 것이라고 말했습니다. 나탈리는 이 고모를 돌보는 것이 나탈리의 삶에서 고모의 공헌을 기리는 방식이자 언젠가 어떤 젊은 여성이 자신에 대해 같은 감정을 느끼기를 바라는 마음이라고 말했습니다.

이 예에서 이야기치료는 '정신적 불안정'이라는 지배적인 플롯에서 대안적인 이야기를 공동 저술하는 데 사용되었다. 대안적이고 선호하는 이야기인 '공정에 대한 실천'은 다른 사람들(그녀의 고모를 포함하여)의 삶 그리고 가치와 연결된 나탈리의 삶을 이해하기 위한 훨씬 더 많은 대안을 만들었다. 우리는 이러한 나탈리의 대응 방식이 여성의 이야기를 중요시하는 페미니즘의 원칙과 그러한 이야기에 대한 해석과도 일치한다고 믿는다.

지배담론을 해체하기

페미니즘은 항상 권력 관계가 우리가 사는 방식에 어떻게 영향을 미치는지 탐구하도록 여성들을 초대하는 데 관심을 가져왔다. 젠더에 대한 지배적 담론과 기타 권력 관계는 치료적 탐구를 통해 해체될 수 있으며, 담론을 전복시키는 치료와 전략이 더욱 드러날 수 있다. 이야기치료에서 사람들이 자신의 삶에 대해 가지고 있는 지배적이고 도움이 되지 않는 이야기를 해체하는 방법 중 하나는 이러한 이야기를 뒷받침하는 담론에 의문을 제기하는 것이다. 결과적으로 이것은 여성이 성차별적 의미와 전제들을 '내재화'하는 것을 멈추고, 대신 다음 예에서 설명하는 것처럼 보다 넓은 가부장제 담론 안으로 이러한 것들을 가져오도록 하는 데 도움이 될 수 있다.

여성 그룹과 함께 작업할 때 우리는 담론이 작동하는 것을 명확하게 보이도록 만드는 가볍고 유용한 방법을 사용하는데 우리 실무자 중 한 명을 캐릭터로 정해 보는 것이다. 그 실무자는 특정 담론의 작용이 외재화된 '캐릭터'로 연기하며, 이 사람은 그 트릭과 전술을 가지고 그룹과 인터뷰를 한다. 예를 들어, 폭력을 경험한 어머니들과 함께 하는 집단 상담이나 공동체 모임에서 우리는 종종 '어머니 비난(역주: 특정 캐릭터)'을 인터뷰했다. 우리는 이 '특별한 손님'을 그룹에 초대하고 마치 그룹 구성원들이 취재하는 기자인 것처럼 '어머니 비난' 인터뷰를 진행한다.

우리는 어머니 비난 캐릭터에 대해 다음과 같은 질문을 한다:
- 당신이 여성들의 삶에서 이루고 싶은 것은 무엇인가요?
- 당신의 직업을 지원하는 우리 문화에 있는 생각과 신념은 무엇입니까?
- 당신은 여성들이 자신에 대해 이렇게 비하하도록 유도하나요?
- 당신의 친구와 동맹은 누구입니까?
- 당신은 자녀들과 여성들의 관계에 어떤 영향을 미치나요?
- 당신이 가장 좋아하는 트릭이나 전술은 무엇입니까?

우리는 또한 '어머니 비난'의 작동을 약화시킬 수 있는 실천 방법을 탐색한다:
- 당신이 그들의 삶에 개입하는 것에 저항하기 위해 여성들은 무엇을 할 수 있습니까?
- 여성들이 당신의 손아귀에서 벗어나도록 동기를 부여할 수 있는 것은 무엇입니까?

- 당신이 어슬렁거리며 돌아다니기 가장 힘든 장소는 어디입니까?
- 여성들은 당신을 짜증나게 할 어떤 종류의 아이디어를 가지고 있을까요?
- 이런 식으로 자신에 대해 이야기하는 것은 어떻습니까?
- 여성들이 당신을 슬기롭게 대하기 시작하는 것이 걱정스럽나요?

어머니 비난과 나눈 이러한 대화를 통해 그룹에 있는 여성들은 자신이 이 담론의 영향을 받은 유일한 사람이 아님이 바로 명백해진다. 그들은 어머니 비난이 무엇인지 볼 수 있는데 즉, 자녀에게 일어나는 모든 일과 자녀에게 가해진 폭력에 대해, 여성이 책임을 져야 한다고 믿게 만드는 일련의 도움이 되지 않는 생각과 믿음이다. 이러한 방식으로 담론을 인터뷰하는 것은 어머니 비난을 둘러싼 침묵과 비밀을 깨는 데 매우 효과적일 수 있다(Freer, 1997).

페미니스트의 실천에 영향을 받은 이야기실천의 활용은 사람들의 삶에서 강력한 담론의 영향력을 해체하기 위한 많은 기회를 제공한다.

소중한 가치를 더 풍성하게 표현할 수 있는 기회 만들기

이야기실천의 핵심 요소는 사람들이 삶을 살아가기 위해 추구하는 가치와 신념을 끌어내는 질문을 하는 것이다. 이 과정은 그러한 가치에 대해 보다 풍부한 설명을 만들어 내고 그러한 가치를 줄거리로 이끌어 내는 것을 목표로 한다(즉, 그들의 역사를 추적하고 미래의 행동이 그들에 의해 어떻게 형성될 수 있는지 생각하기 위해). 선호하는 가치에 대한 이 풍부한 묘사는 다른 삶의 선택을 가능하게 할 것이라고 가정해 볼 수 있다.

여성들이 자신이 소중히 여기는 가치를 철저히 탐구하고 실천할 수 있는 기회를 제한하는 많은 상황들이 있다. 다음 예는 그러한 상황에서 이야기치료가 어떻게 가치가 있는지를 설명한다.

젊은 이성애자 커플인 재키와 프랜코가 기억납니다. 그들은 그들의 관계에 대한 '작업(역주: 상담)'을 하고 싶었습니다. 첫 만남에서 프랜코는 그들이 경험하고 있는 차이점 중 일부가 '화해할 수 없는' 관계가 되었기 때문에 관계를 끝내는 것이 최선이라고 생각한다고 말했습니다. 내가 재키에게 그녀의 생각을 물었을 때, 그녀는 관계가 제대로 작동하도록 만들고 싶지만, 그녀와 프랜코는 완전히 다른 파장에 있는 것처럼 느꼈다고 대답했습니다. 재키가 상담에서 바라는 것은 내가 그들의 '의사소통 문제를 해결'하도록 도와 달라는 것이었습니다. 재키는 최근 자기주장 훈련 과정에 참석하여 '나 진술'법을 배우고 있었지만, 그녀의 말을 '듣지' 못하는 것처럼 보이는 프랜코에게는 아무런 영향을 미치지 못했습니다. 프랜코는 그가 그녀의 말을 들었고, 이미 좋은 의사소통 기술을 가지고 있다고 믿었으며 그게 문제가 아니라고 대답했습니다. 프랜코에 따르면 문제는 '친밀감 부족'이었습니다.

이러한 핵심 이야기 중 일부가 재키와 프랜코에게 무엇을 의미하는지, 그리고 이것의 의미가 그들에게 중요한 이유를 밝히는 것이 중요해 보였습니다. 우리가 '좋은 의사소통 기술'과 '친밀감 부족'의 의미를 풀어내기 시작하면서 프랜코에게 친밀감은 육체적 친밀감과 같고, 재키에게는 정서적 친밀함을 의미한다고 들었습니다. 프랜코에게 '좋은 의사소통'은 직접적으로 말하고 요점을 전달하는 것인 반면, 재키에게는 자신이 경험하

고 느끼는 것을 상대방에게 이해시키는 것을 의미했습니다. 프랜코는 대부분의 다른 사람들에게 물어보거나 사전에서 단어를 찾아보면 자신이 말한 의미가 '승리'할 것이라고 언급했습니다.

이것은 더 자세히 살펴봐야 할 중요한 의견으로 보였습니다. 그렇게 하면서, 우리는 한 사람의 삶에 대한 이해가 다른 사람을 '이기면' 어떤 결과가 있을지, 이것이 그들이 찾고 있는 것인지, 아니면 그들이 찾고 있는 다른 것이 있는지에 대해 함께 질문했습니다. 이 대화를 나누면서 재키는 프랜코의 정의를 당연시하는 것에서 한 걸음 물러나는 것을 중요하게 생각하면서, 관계가 자신에게 어떤 의미인지 더 충분히 고려할 수 있는 시간을 가질 수 있을 것이라고 말했습니다.

시간이 흐르면서 재키는 관계를 '둘 다 성장할 수 있고, 숨을 쉴 수 있는 공간'이라고 설명했으며, 이것이 '특별한 종류의 신뢰'를 필요로 한다는 점을 설명하게 되었습니다. 이것은 재키에게 중요한 종류의 관계였으며, 그녀가 소중히 여기고 그녀의 삶에서 추구하기로 정한 관계 방식이었습니다. 그 이유를 묻자 재키는 어렸을 때 나누었던 우정에 대해 이야기할 수 있었는데, 그 우정은 그녀가 그토록 중요하게 여겼던 '특별한 종류의 신뢰'였습니다. 우리의 대화가 끝날 무렵 재키는 자신의 관점을 들을 수 있는 기회뿐만 아니라 관계에 대한 특정한 부분이 자신에게 중요한 이유에 대해 더 많이 알 수 있는 기회를 즐겼다고 말했습니다. 그녀는 자신이 소중히 여기는 것이 무엇인지 더 확신하게 되었다고 말했습니다. 재키의 말을 들으면서 프랜코는 이전에 이러한 이야기를 들어본 적이 없으며, 그 이야기를 통해 그에게 가장 의미가 있었던 우정과 관계에 대해 생각하게 되었고, 왜 그렇게 되었는지에 대해서도 생각하게 되었다고 말했습니다.

그는 다음에 이것에 대해 더 많이 이야기하기를 기대한다고 말했습니다.

지역사회의 실천 - 여성의 삶을 연결시키기

이야기실천을 하는 페미니스트로서 우리는 공유된 주제를 중심으로 여성들의 삶을 연결하는 작업 방식에 특별히 관심이 있다. 여기에는 여성이 다른 여성의 삶에 대한 증인 역할을 하는 외부증인 그룹을 활용하기(Carey & Russell, 2003; White 2000), 회원재구성하기(Russell & Carey, 2002; White, 1997), 편지 쓰기 캠페인 사용하기, 리그(leagues)를 발전시키기(Grieves, 1997), 그룹 활용하기, 그리고 모임을 촉진하는 것이 포함될 수 있다. 이야기치료의 중요한 부분은 선호하는 스토리를 목격하고 인증하기 위해 청중을 참여시키는 것이기 때문에 이야기치료에서는 선호하는 특정 주제, 스토리 및 가치를 중심으로 여성들을 연결하는 데 사용할 수 있는 많은 대안들이 있다.

린다가 처음 상담을 받으러 왔을 때 그녀는 이전에 여러 번 시도해 보았기 때문에 상담에 대한 희망이 별로 없고, 여전히 자신을 '나쁜' 사람이라고 느낀다고 말했습니다. 이번에 린다는 '자신이 감정적으로 극단적인 반응을 하는 것이 육체적인 것 인지 정신적인 것인지 알아보기 위해' 왔습니다. 그녀는 자신이 '정말로 자책'했고 포기하고 싶었다고 설명했습니다. 이 첫 만남에서 나는 린다가 최근에 남성 파트너와의 관계에서 멀어지고, 어린 세 자녀와 함께 이사했다는 소식을 들었습니다. 이사는 린다가 계획했으며 폴과의 관계에서 3년 동안 견뎌온 술주정, 폭력 및 학대가 없는 삶을 살고자 하는 그녀의 소망에 따른 것이었습니다. 린다는 폴이

'나의 요구에 맞춰 변화'를 시도하고 상담을 받고 있었기 때문에 이 관계를 떠나기가 어려웠으며, 폴이 이제 변화를 시도하고 있다는 사실을 알고 헤어지는 것이 안타까웠지만, 함께 한 삶은 '악몽'이었다고 말했습니다. 최근에 폴이 린다에게 신체적으로 폭력을 행사하는 경우가 여러 번 있었고, 언어적 학대, 소리를 막 지른 전력이 있었습니다. 린다는 폴이 그런 행동을 한 것을 잘못이라고 생각하지 않고 있다고 말했습니다. "그는 자신이 하는 모든 일을 정당화해요. 그는 그것이 내 잘못이라고 확신하죠."

치료자는 린다와의 치료대화를 여러 방향으로 진행했습니다. 그 방법들 중 하나는 관계를 떠나기로 한 린다의 결정, 이 결정이 린다에게 어떤 의미가 있는지, 어떤 작은 단계가 그 결정으로 이어졌는지, 그리고 이 결정이 린다에게 어떤 가치와 실천을 보여 주는지에 대해 일련의 질문을 하는 것과 관련되었습니다. 린다는 이 결정이 자신과 자녀를 위한 '존중받는 삶'을 추구하는 것을 의미한다고 말했습니다. 이 말은 린다가 이전에 자신을 '나쁜 사람'이라고 묘사한 것과는 대조적인 것처럼 보였기 때문에 린다가 자신이 존중받을 만한 사람이라고 믿게 된 역사에 대해 듣고 싶었습니다. 나는 그녀의 삶에서 존중의 역사에 대해 물었습니다. 사람들은 존중받을 가치가 있다는 생각을 그녀에게 소개한 누군가가 있었는지? 그녀를 존중했던 누군가가 있었는지? 그녀가 존경했던 누군가가 있었는지? 린다는 이것에 대해 잠시 생각해 보았고, 마침내 얼마 전에 친구가 있었다고 말했습니다. "이멜다였는데 우리는 멀어졌어요. 우리는 학교에 함께 갔고, 서로의 가정에서 어려운 일이 있을 때 서로 도왔죠. 그런데 나는 몇 년 동안 그녀를 보지 못했어요. 내가 폴과 관계를 맺었을 때 나의 우정은 멀어지는 것 같았어요."

이후 회원재구성 대화를 계속하면서 린다에게 '존중의 삶'을 추구하기 위해 지금 내리고 있는 결정에 대해 이멜다가 있었으면 어떻게 말할 것 같은지에 대해 생각하는 일련의 질문을 했습니다. 린다는 이멜다가 여기 있었으면 그녀를 안아줄 것이라고 생각했다고 말했습니다. "그녀는 아이들이 존중받는 것이 마땅하다는 것을 알고 있었어요." 린다에게 그들이 친구였을 때 이멜다를 존중했는지 물었습니다. 린다는 그들이 서로를 존중했다고 말했습니다. 이것이 이멜다에게 어떤 의미였을지 물었을 때 린다는 자신의 우정이 다른 사람(이멜다)에게도 중요했을 수도 있다는 생각에 큰 감동을 받았습니다.

이 대화가 린다에게 어떤 의미였는지 물으면서 그녀는 왜 자신이 폭력적인 관계를 떠나고 있는지 더 분명해졌고, 상호 존중을 바탕으로 하는 다른 관계를 맺도록 자극받았다고 말했습니다. 그런 다음 우리는 이멜다와 다시 연락을 시도하여, 그녀에게 다음 회기에 참여하도록 요청하는 것이 가능한지 논의했습니다. 이것은 약간 어려운 것으로 판명되었지만 결국 린다는 이멜다와 다시 연락을 취했고, 이멜다는 두 번의 추가 회기에서 외부증인의 역할을 맡았습니다. 그들은 또한 공동 육아 돌봄을 계획하고 다시 우정을 쌓기 시작했습니다.

치료에서 사용하는 회원재구성 대화와 외부증인의 초청은 페미니스트의 영향을 받은 실천이다. 아마도 여성들 사이의 공동체 의식을 증진하기 위해, 외부증인의 참여 및 기타 이야기실천을 가장 일반적으로 사용하는 사람들은 아동 성 학대의 대상이 된 여성들과 함께 시작한 집단 작업일 것이다(Mann & Russell 2002; 너무 긴 침묵 2000 참조).

다양한 이야기로 이루어진 정체성

이야기에 관한 생각들은 정체성에 대한 후기구조주의의 이해와 특히 우리의 정체성이 다층적이라는 생각의 영향을 받았다(Thomas, 2002). 이 것은 페미니즘에서 영감을 받아 남녀 모두에게 하는 치료에 더 많은 대안을 열어준다. 다음 예에서 지니 슬래터리는 후기구조주의의 생각이 성범죄를 저지른 젊은 남성과의 작업에 어떻게 영향을 미치는지 설명해 준다.

후기구조주의의 생각은 내가 성범죄를 저지른 청년(12-18세)과 작업하는 방법의 가능성을 넓히는 데 기여했습니다. 후기구조주의 생각은 내적 구조나 상태가 사람의 행동과 행동을 결정한다는 가정에 도전합니다. 예를 들어 구조주의적 사고는 전통적으로 성범죄를 저지른 청년들과 일하는 데 어떻게 영향을 미쳤는가 하면, 주로 사람 안에 있는 그 또는 그녀의 핵심적 역기능에서 발생한 '일탈이 일어나는 패턴'의 결과라고 설명되었습니다.

후기구조주의는 다양한 방식으로 이 굳어진 자아관에 도전하며, 정체성은 맥락적이고, 관계적이고, 고정되어 있지 않다고 제안합니다. 그러므로 행동은 내적 상태에 의해서만 결정되지 않습니다. 젊은 남성들과 대화를 나누는 동안 그들의 성 학내 행동 중 일부는 더 넓은 사회 문화에 속해 있는(그리고 받아들여지는) 사고방식과 태도에서 비롯된다는 것이 종종 명백해집니다. 다양한 가부장적인 태도와 사고방식이 이 젊은이들 집단의 남성성을 형성하는 지배적인 가치를 구성하게 되었습니다.

이러한 가치나 아이디어의 일부 예는 성적인 방식으로 여성을 대상화하고 일부 젊은 남성이 자신의 성적 관심을 탐구하거나 무력감을 다룰 때

가질 수 있는 특별한 권리 의식입니다. 분명하게, 이러한 아이디어와 가치는 행동에도 영향을 미칩니다.

정체성이 고정되기보다는 구성되고 있다는 개념에 머무른다면, 청년들이 남성성과의 특별한 관계를 탐색할 수 있도록 하는 치료적 질문 과정으로 들어갈 수 있습니다. 필연적으로, 나는 젊은 남성들이 이러한 부정적인 가치와 고정관념 중 일부를 다른 방식으로 행동한 많은 사례를 발견한 이러한 독특한 결과는 대안적 남성성의 시대를 위한 가능성을 열어 줄 수 있었습니다. 이러한 대안적 남성성과 관련된 꿈, 희망, 실천을 공유하고 의미 있는 변화 과정에 함께 하는 젊은 남성들을 참여시키려 합니다.

정체성이 고정된 것이 아니라 역동적이고 지속적으로 구성되는 것이라는 후기구조주의의 생각은 나에게 매우 도움이 됩니다. 내가 이것을 믿지 않았다면 젊은이들과 이 일을 할 수 없을 것 같습니다. 특히 체계(역주: 주변환경)나, 제 주변 사람들, 심지어 젊은이들이 본질주의적인 개념에 갇힐 때 나는 항상 이 생각(역주: 정체성은 지속적으로 구성되는 것)을 마음에 품게 됩니다. 남성적 정체성에 대한 후기구조주의의 이해는 페미니스트 행동을 향한 대안의 폭을 넓히기 때문에 특히 나에게 도움이 됩니다.

다층적인 정체성을 이해하는 것은 또한 여성과의 작업에서도 도움이 된다. 여성들의 삶(실제로 우리의 모든 삶)은 복잡하다. 자신이 선호하는 가치에 맞지 않는 방식으로 자녀를 대했다고 후회하는 여성과 함께 일할 때 이렇게 다층적으로 이야기되는 삶의 개념은 유용하다.

치료 작업의 정치적 성격과 치료자의 권력적 위치를 인정하기

우리는 치료자로서 내담자와의 작업에서, '숨겨진' 가정이나 '당연하게 받아들여진' 신념에 의해 영향을 받을 위험이 있다는 치료 작업의 정치적 특성을 인정하고, 이야기치료자로서 내담자와 관련하여 중립적이라고 믿기보다는 치료자의 강력한 위치를 모두 인정하려고 한다. 모든 치료는 권력의 관계와 지역 문화의 정치 안에서 생겨나고 존재하는 문제들에 대하여 이야기하는 것을 포함한다. 그러므로 모든 치료가 '정치적'이라는 것을 인정하는 것은 이야기치료자로서 우리의 역할에 대해 많은 고려할 사항을 가져온다.

첫째, 우리는 우리의 실천에 영향을 미치는 가정이나 신념에 대해 지속적으로 스스로에게 질문하는 것에 관심이 있으며, 일상적으로 이것들을 붙잡고 비판이나 분석을 위해 빛을 드러내려고 노력한다. 모든 사람은 지배적인 젠더 관계(또한 인종, 계급, 성, 문화, 장애여부 등의 관계)의 작용에 지속적으로 영향을 받는다. 치료자로서 우리는 젠더 관계(및 기타 권력 관계)의 경험이 우리 자신의 삶을 어떻게 형성하는지, 그리고 다시 이러한 경험이 치료자로서 우리의 실천에 어떻게 영향을 미치는지 더 잘 인식해야 할 책임이 있다고 믿는다(우리가 보는 것, 찾는 것, 상담실에서 특히 주의를 기울이는 것). 우리의 가치와 신념에 대해 투명하게 업무를 수행하는 것은, 다른 사람의 삶과 관련하여 전문가의 위치로 발을 들여놓을 가능성을 줄이기 위한 또 다른 시도이다.

중요한 것은 이야기치료가 다양한 책임 있는 실천에도 관여한다는 것이다. 예를 들면 치료대화가 그들의 삶에 미치는 영향에 대해 내담자로부터 지속적인 피드백을 구하기, 내담자 본인이 함께 있을 때만 그에 대해 기록을 작성하기, 치료대화의 기록은 소유권이 대화 중인 본인에게 있음을 보장하기(Mann, 2000). 문화를 넘어, 계급 관계를 넘어, 또는 치료자의 삶의 상황이 내담자들의 삶과 상당히 다른 상황에서 일할 때 책임 있는 실천과 관계를 개발하는 것이 중요할 수 있다(Tamasese & Waldegrave, 1996; White, 1995). 이러한 책임 있는 실천은 모든 치료 작업이 정치적이라는 것, 상호 작용에서 중립성이 불가능하다는 것을 인정하는 데서 비롯된다.

이야기치료 내에서 치료자의 역할은 다른 사람들의 삶의 문제와 관련하여 의도적으로 전문가의 입장을 채택하지 않는 것과 관련이 있다. 치료자로서 탈중심적이지만 영향력 있는 입장을 취하고, 내담자의 삶의 지식과 기술을 대화의 중심에 두는 것이 치료자의 강력한 역할을 실천하는 것이다(Morgan 2002; White 1997). 이야기치료에서 치료자의 역할은 진단, 처방 및 개입 문제에서 벗어나 치료자와 상담하는 내담자들의 기술과 지식에 대한 설명을 두텁게 만드는 방향으로 이동한다.

치료적 관계 내에서 다시 가져와서 반영하는 실천은 내담자와 공유하는 대화를 통해 치료자의 삶과 정체성에 미치는 영향을 인정하는 방법을 찾기 위해 더 많은 노력을 하는 것이다(White, 1997).

이러한 실천이 학대적이지 않은 치료적 상호 작용을 보장하는 건 아니지만, 치료 관계 안에서의 내재적인 힘의 불균형과 관련된 위험을 줄이는 데는 도움이 된다고 믿는다. 그러므로 페미니스트 원칙과 일치하는 것으로 보인다.

6 현장에서 발생하는 페미니스트/젠더 문제에는 어떤 것들이 있는가?

치료자로서 페미니즘은 우리의 작업과 보다 광범위한 삶의 영역에서도 지속적인 도전을 제공한다. 언제든지 우리는 다양한 딜레마와 씨름하고 있다. 그러나 우리가 해결하고자 하는 것이 딜레마는 아니다. 사실, 대부분은 해결할 수 없다. 그러나 그 딜레마들은, 우리의 실천과 가정(假定) 그리고 우리의 작업 방식이 젠더 관계에 어떤 영향을 미치는지에 대해 지속적으로 질문하도록 고무시킨다.

우리는 이 글의 이번 부분에서 현재 치료 분야가 직면하고 있다고 생각하는 여러 가지 핵심적이고 광범위한 과제들을 포함하려고 노력했으며, 이 모든 문제는 어떤 방식으로든 젠더 및 페미니즘 문제와 관련이 있는 것이다.

1) 상담이 보다 광범위한 페미니스트 원칙과 부합할 수 있는가?

수년에 걸쳐, 일부 페미니스트 사상가들은 상담이 반(反) 페미니스트 활동이라고 주장하면서, 상담자들에게 명시적으로 도전했다. 아마도 가장 잘 알려진 이러한 최근 과제는 셀리아 키칭어(Celia Kitzinger)와 레이첼 퍼킨스(Rachel Perkins)의 책 《마음을 바꿔라(Changing our Minds, 1993)》에 나와 있다. 특히 레즈비언 페미니스트로서 레즈비언의 삶에 대한 치료의 적용에 대해 글을 쓴 키칭어와 퍼킨스는 치료가 본질적으로 정치적 불평등의 문제일 때, 여성의 경험을 심리화하고 개인화하는 과정이 된다고 주장한다. 그들은 여성의 고통에 대한 치료를 여성이 사회의 가부장적 기대에 부단히 적응한 결과로 보기보다는, 개별적인 '병적 상태'로 구성함으로써 여성에 대한 억압을 반복한다고 믿고 있다.

키칭어와 퍼킨스의 책은 광범위한 사회적 관계를 개별화하지 않고, 경험을 심리화하지 않으며, 정치를 치유로 축소하지 않으면서 여성들의 삶에 대한 이야기를 다루는 방법을 개발하도록 우리에게 도전을 주기 때문에 모든 페미니스트 치료자에게 추천하는 책이다.

2) 치료자로서 우리의 신념을 강요하지 않으면서 치료에서 더 광범위한 권력 관계를 어떻게 인정할 수 있을까?

만약 상담실에서 경험에 대한 정치성을 인정하기로 결심했다면, 내담자들에게 우리의 정치적 신념을 강요하지 않으려면 어떻게 해야 할까? 우리에게 상담 온 사람을 성 차별, 인종 차별, 이성애의 지배에 대한 광범위한 담론의 휘둘리게 두지 않는 것이 우리의 책임이라면, 어떻게 우리 스스로 그렇게 할 수 있을까?

3) 상담은 여성이 겪고 있는 문제에 대해 적절한 대응인가? 집합적 사회적인 행동의 형태가 더 적절할까? 그렇다면 왜 우리는 이보다 넓은 행동에 참여하지 않는가?

위에서 논의한 바와 같이 페미니스트 행동은 거리 시위, 쉼터 설립, 불의에 항의하는 등 수년에 걸쳐 다양한 형태를 취했다. 행동을 위한 집단적 포럼에 참여하는 것은 종종 사람들의 삶을 강력하게 변화시킬 뿐만 아니라 폭넓은 사회적 변화를 가져오는 것으로 경험되었다. 우리는 사회적 행동에 기여할 수 있는 방법, 즉 보다 광범위한 목적을 위해 삶을 함께 연결하는 방법을 늘 찾고 있나? 상담실에서 이야기되고 있는 문제를 다른 포럼, 즉 그룹, 지역사회 활동, 그리고 보다 광범위한 행동으로 가져갈 방법이 있나?

4) 전문직의 특권에 직면하기

우리 대신 제공될 수 있었던 일자리에 우리가 있지는 않나? 우리의 급료를 지불하는 재원(財源)이 다른 방식으로 더 잘 사용될 수 있지는 않나? 우리는 전문 지식에 거의 접근할 수 없는 사람들이 미래의 유급직을 가질 수 있도록 돕는 데 충분한 시간을 할애하고 있나?

5) 트랜스젠더라는 도전

최근 몇 년 동안 페미니즘은 자신을 '젠더 활동가'라고 생각하는 사람들의 경험, 아이디어 및 행동의 도전을 받아왔다. 레슬리 파인버그는 다음과 같이 설명한다:

남성적인 여성과 여성적인 남성, 크로스 드레서(역주: 취미로 이성의 복장을 입는 것을 즐기는 사람), 남녀 간 해부학적으로 바뀌는 선천성 트랜스섹슈얼, 젠더 벤더(역주: 예상되는 성역할에 대해 적극적으로 반항하는 사람) 그리고 다른 많은 성별 및 다른 많은 다양한 성과 젠더를 가진 사람들, 그 밖의 다른 많은 중요한 사람들의 운동이다. 이 모든 것은 우리가 인간이 되는 데에는 얼마나 많은 방법이 있는지에 대한 이해를 넓혀준다. (1998, p. 5)

트랜스젠더 해방 운동가들은 여성 또는 남성이 된다는 것이 무엇을 의미하는지, 그리고 성 정체성과 성 표현에 대해 널리 퍼진 모든 종류의 가정을 무너뜨리는 것이 무엇을 의미하는지 강력하게 질문했다. 이 새로운 도전은 페미니스트 원칙에 마주하고, 젠더에 대한 생각을 되살려주고 있다(Nestle, Howell & Wilchins, 2002; Pirelli Benestad, 2002; Feinberg, 1998; Nataf, 1996). 페미니스트 치료자(우리 자신을 포함하여)가 응답하기를 바라는 도전이다.

6) 문화와 인종에 관한 도전

현대 서구 페미니즘은 여성들 사이의 차이에 대한 부적절한 인식과 자신의 문화적 전제를 분별하고 인식할 능력이 없다는 이유로 유색인 여성과 비영어권 배경의 여성으로부터 강한 비판을 받았다(Moraga & Anzaldua, 1983; Lorde, 1984; hooks, 1989). 게다가 많은 블랙(Black) 페미니스트들은 인종과 계급 관계를 통해 경험하는 예속이 그들의 삶에 미치는 성차별의 영향만큼 강력하지는 않더라도, 매우 강력하다는 것을 강하게 주장했다. 따라서 그들은 백인 페미니스트 여성보다 문화적 공동체 (여성과 남성)의 다른 사람들과 더 강하게 동일시한다. 이러한 문제는 상담 및 지역 사회 활동의 개발에 중요한 영향을 미치게 된다.

· 우리가 일하고 있는 서비스는 다른 문화의 여성들에게도 진심으로 접근할 수 있나?

· 문화적 가정(假定)은 직장생활과 상담 수행 방식에 어떤 방식으로 영향을 주나?

- 이 영역에서 우리의 책임은 다양한 문화권의 사람들이 접근할 수 있는 서비스를 만들려고 노력하거나, 다른 문화권의 여성들이 그들 자신의 서비스와 기관을 설립하도록 지원하고 있나(또는 둘 다)?

- 우리가 지배적인 문화권 여성이라면, 더 넓은 문화에서 인종 차별을 다루는 것과 관련한 특별한 책임은 무엇인가?

- 우리가 소외된 문화권의 여성이라면, 페미니즘의 개념이 우리와 관련이 있나? 그렇다면 어떻게 그리고 왜 그런가?

이러한 문제를 더 자세히 알아보기 위해, 여기에 아프리카계 미국인 페미니스트/상담사/지역사회 활동가인 바네사 잭슨과 호주 백인 페미니스트 치료자인 쇼나 러셀의 관점을 포함시켰다.

문화, 페미니즘 및 치료의 문제
- 바네사 잭슨

저는 미국 페미니즘의 가장 큰 실패 중 하나가 인종과 문화를 운동으로 통합해 내지 못한 것이라고 생각합니다. 아프리카계 미국인 여성으로서 페미니스트 운동이 내부에서 그리고 더 넓은 사회에서 백인 우월주의를 다루는 데 실패했기 때문에 때때로 페미니스트 운동에 적극적으로 참여하는 것이 어려웠습니다. 나는 올해 초에 유색 인종 여성에 대한 폭력을 탐구한 '폭력의 색(The Color of Violence)'라는 제목의 컨퍼런스에 참석할 기회가 있었습니다. 이것은 내가 미국에서 유색인종으로서의 나의 현실과 내가 가진 페미니스트 가치를 확인할 수 있는 드문 기회였습니다. 유색인종 커뮤니티를 가로지르는 공조(共助)와 승인 작업은 특히 강력했습니다. 나에게 두드러지게 눈에 띈 것은 컨퍼런스 전반에 걸쳐 개인 및 공동체의 스토리텔링을 통합한 것입니다.

아프리카계 미국인 치료자/지역사회 활동가로서 저는 유색인들이 우리 자신의 문화적 전통을 기반으로 하여, 치료적으로 일하는 방법을 모색할 필요가 있다고 생각합니다. 내가 이야기실천에 관심을 갖는 이유 중 하나는 이야기실천과 고유한 문화적 가치와 전통이 우리의 업무에 잘 짜넣을 수 있는 여지를 제공하기 때문입니다. 나는 호주 원주민 여성인 제인 레스터(Jane Lester)와 바브 윙가드(Barb Wingard, 2001)의 작업에 감명받았습니다. 그들은 원주민 치유 전통과 이야기치료를 혼합하여 지역사회를 위한 치유 모델을 만들었습니다. 그들의 작업은 나에게 미국에 있는 아프리카인의 치유 전통을 연구하고, 이러한 고대의 치유 전통을 임상 및 지역 사회 치유에 어떻게 가져올 수 있는지 고려하도록 영감을 주었습니다.

나는 또한 몇몇 아프리카계 미국인 동료들과 함께, 이야기치료의 원칙을 접목하여 흑인 교회의 오랜 증언 의식과 통합하는 증언 치료의 개념을 탐구해 오고 있습니다(Jackson, 2002; McAdams-Mahmoud, 2002).

호주에서 백인 여성/페미니스트라는 것의 의미
- 쇼나 러셀

최근 몇 년 동안 주로 호주 원주민 여성의 도전으로 인해 나를 포함한 많은 호주 백인 페미니스트들은, 우리의 삶과 일에서 인종과 문화의 중요성을 인정하는 개인적이면서도 전문적인 여정을 시작했습니다. 특히 이 것은 주류인 백인 인종에 속한다는 것이 무엇을 의미하는지, 여기에 포함된 특권을 어떻게 받아들일 수 있는지, 그리고 이 특권을 어떤 식으로든 사용하여 이 나라의 역사를 바로잡는 데 기여할 수 있는지 묻는 것을 의미했습니다. 나의 경우에는 중산층의 특권뿐만 아니라 호주 안에서 백인에게 수반되는 특권의 의미를 이해하려면 역사, 즉 이 땅에서 호주 원주민의 식민지화와 박탈의 역사를 알아야 합니다. 이 역사는 또한 정부의 원주민 동화 정책과 원주민 가정으로부터 자녀를 빼앗았던 것을 포함합니다. 이 역사는 또한 이 나라가 아시아 내에서 '백인 영토'가 되려고 매우 의도적으로 추구했던 백호주의 정책(역주: 백호주의(White Australia policy, WAP)란 1901년부터 1973년까지 오스트레일리아 정부가 일관되게 유지했던 비백인 이민 제한 정책을 말함.)과도 관련이 있습니다. 이러한 역사는 백인 여성, 원주민 여성, 아시아 여성 사이의 관계를 계속해서 형성해 나가고 있기 때문에 이러한 역사를 고려하는 것이 나에게는 중요합니다. 이러한 역사를 직면하면 다양한 질문이 제기됩니다.

· 내가 살고 있는 특권을 인식하고 응답하기 위해 치료자로서 내 삶에서 나는 어떤 행동을 취해야 할까요?

· 나는 원주민 페미니스트와 유색인 페미니스트의 작업을 어떻게 인정할까요? 또한 페미니스트 이해의 관점을 만들어 가는 도전에 나는 어떻게 참여할까요?

· 호주 원주민 및 나와 다른 문화적 배경을 가진 여성과 함께 일할 때,
재생산되는 문화적 지배를 방지하기 위해 나는 어떤 행동을 취해야
할까요?

7 치료자로서 일하면서 일상에서 고민하는 젠더 관련 딜레마는 무엇인가?

현장에서 발생하는 광범위한 문제와는 별개로, 일상의 업무에서 치료자
로서 우리는 실제 치료 장면이나 직장에서 내리는 결정에 있어, 작지만
여전히 중요한 젠더 딜레마에 지속적으로 직면한다. 아래에 여성주의에
서 영감을 받은 방식으로 실천하는 일부 치료자와 지역사회 활동가의 이
러한 일상적인 딜레마와 도전의 예들을 포함하였다.

상담실 내에서의 젠더

나는 수년 동안 상담을 해 왔지만 이성애 커플과 일할 때 여성이 말하
고, 자신의 의견을 표현하고, 인생에 대한 그녀의 이해를 전달할 동등한
기회를 갖도록 하는 것이 여전히 어렵다. 나는 한 파트너를 인터뷰하고
다른 파트너가 경청하도록 하면서 정의예식 구조를 사용해 왔는데, 상당
히 도움이 되지만 딜레마는 결코 사라지지 않는다. 여성과 아이들이 이
야기할 때 나는 여전히 남성이 대화에 참여하도록 특별히 더 신경을 쓴
다. 물론 이것은 일반화된 것이지만 내게는 여전히 중요하다. 실제로 남
성보다 더 많은 여성이 상담을 받고 있으며, 많은 여성이 자녀를 대신하
여 또는 자녀와 함께 상담을 받는다. 이것은 어떤 때는 괜찮으며, 때로는

남성이 참여하지 않는 것이 더 좋기도 하다. 그러나 나는 남성이 가족관계에서 자기 몫의 책임을 다하도록 초대하는 것이 중요하다고 생각한다. 이 초대의 의미는 남성이 상담에 참여하든 아니면 다른 돌봄 행동에 참여하도록 하는 것을 말한다. 나는 이런 종류의 딜레마가 곧 사라질 것이라고 보지 않는다! 상담실 내에서 이러한 젠더 문제에 어떻게 대응해야 하는지에 대해 다른 사람들과 이야기하고 아이디어를 공유하는 것이 유익하다.

권위의 문제

나는 여전히 직장에서 권위 있는 여성들의 말을 듣고 응대하는 것이 많은 사람들에게 어려운 일이라고 생각한다. 우리는 우리가 듣는 남성의 목소리에 더 많은 권위를 부여하도록 교육을 받았다. 이것은 일상적인 상호 작용, 주간 회의, 국제 행사에서 발생한다! 많은 여성들처럼 나도 많은 남성들이 자기의 권위를 사용하는 것과는 다른 방식으로 내 권위를 사용하는 방식이 무엇인지 찾고자 한다. 때때로 나는 내 말을 듣게 하는 유일한 방법이 내가 본 바 위계적인 방식을 행사한 것처럼 보일 때 정말 분개한다. 그건 바로 내가 피하고 싶은 방법이기 때문이다. 나는 직장에서 우리의 힘과 힘의 행사를 더 협력적이고 정중하게 사용하는 방법이 페미니스트 도전의 일부라고 믿습니다.

여성만을 위한 것이 아닌 페미니즘

페미니즘이 너무 자주 '남성에 대한 비난'으로 묘사되는 상황에서, 내가 지지하는 페미니즘이 여성과 남성 모두에게 도움이 되는 방식으로 세상을 변화시키려 한다는 점을 전달하는 것이 때로는 어렵다는 것을 알게 되었다. 가부장제는 여성들의 삶의 질에 끔찍한 영향을 미치지만 남성들에게도, 여성들과 남성들 상호간에도, 또한 자녀들과 맺을 수 있는 일상적인 관계의 질도 제한한다. 나는 특히 어린 시절에 성 학대를 당한 남성 생존자들과 함께 일하는 것을 고려하고 있다. 이 남성들은 종종 다른 남성들에게 학대를 받았을 뿐만 아니라, 이들이 가진 젠더와 동성애 혐오에 대한 지배적인 생각은 학대를 다루는 것을 더욱 어렵게 만든다(O'Leary, 1999). 내게 젠더 이슈를 다루기 위해 남성과 파트너십을 구축하는 것은 페미니스트 도전의 일부이다(Hall, 1996).

정치적 투명성

나는 가정 폭력 상황에서 탈출한 여성들을 위한 쉼터에서 일한다. 우리는 구인 광고에서 항상 페미니스트 원칙에 헌신하는 여성을 찾고 있다고 밝혔었다. 최근 채용 광고에는 더 많은 사람들이 지원하게 하기 위해 이 문구를 쓰지 않기로 제안하였다. 이것은 현재 우리가 어려움을 겪고 있는 딜레마이며 내게도 가장 어려운 부분처럼 여겨진다.

나는 페미니스트 접근에 기반을 둔 여성 건강 센터에서 일한다. 우리는 이것이 페미니스트 서비스라는 것을 서로 매우 분명히 알고 있다. 하지만 그런 식으로 광고하지 않으며, 방문객이 대기실에서 읽는 브로슈어나 전단지에 '페미니스트'라는 단어를 쓰지 않는다. 이것은 나에게 딜레마이다. 때로는 우리가 페미니즘 원칙을 갖지 않은 여성들이 센터에 오는 것을 막는 건 아닌지 우려하고 있다. 그러나 또 한편으로는 우리가 일하는 윤리적 입장에 대해서는 투명해야 하지 않을까?

페미니즘에 대한 적대감

나는 페미니즘에 꽤 적대적인 맥락에서 일하는 직원 중 일부의 발언과 빈번히 제기되는 의견들을 처리해야 한다. 게다가 언론에서 페미니즘에 대한 보다 폭넓은 반발이 있을 때마다 직원들은 이것에 주목한다. 문제는 이것이 일을 더 어렵게 만들 뿐만 아니라 일부 여성이 폭력을 사용하거나, 폭력적 관계에 계속 머무르기를 선택하는 경우와 같은 복잡한 문제에 대해 의미 있게 이야기하도록 하는 것을 정말 어렵게 만든다는 것이다. 페미니즘(그리고 여성)에 대한 적대감이 있다면, 모든 것이 적대적이고 한쪽 편을 드는 것으로 해석되기 때문에 경험의 복잡성을 인정하기는 매우 어렵다. 나에게 페미니즘이 무엇인지는 중요하지 않다. 여성의 행동은 다 좋고, 남성의 행동은 모두 나쁘다는 말이 아니다. 나는 페미니즘이 관계의 복잡성을 이해하는 데 어떻게 도움이 되는지에 관심이 있다. 하지만 사람들이 페미니즘에 적대적이라면, 때로는 복잡한 것에 대해 분별 있게 이야기하는 것조차 정말 어렵다. 나는 이러한 문제를 다루는 다른 사람들의 의견을 듣는 것을 좋아한다.

슬픔

나는 학대와 폭력을 경험한 여성들과 함께 일한다. 이 작업은 나에게 큰 의미가 있으며 나는 여성들과 나누는 대화를 정말 소중하게 생각한다. 우리는 폭력에 대해서만 이야기하는 것이 아니라, 그들이 삶을 되찾기 위해 취했던 단계들에 대해 듣게 되고, 삶에서 대안적인 이야기가 발전되는 것을 목격하게 되는데 이것은 나에게 영감을 준다. 하지만 가끔은 상당한 슬픔을 느낄 때가 있다. 사람들이 너무 잔인할 수 있고, 그러한 폭력이 여전히 존재하며 너무 흔하다는 사실 때문이다. 나는 이 슬픔에 대해 이야기하고 이를 어떻게 다룰지 찾아야 했다. 시간이 지나면서 나는 이 슬픔을 존중하고 심지어 보물처럼 소중히 여기게 되었다. 나는 이 일이 나에게 어떤 영향을 미치는지, 어떻게 기쁨과 슬픔을 동시에 가져오는지 계속 성찰할 필요가 있다는 것을 알고 있다.

역사와 화해하기

여기 호주에서 소위 "원조 전문직"라 불리는 직업을 가진 우리 모두는 이 나라에서 원조 전문직이 가지는 역사가 내포하고 있는 의미와 화해하려고 노력하고 있다. 특히 원주민 어린이들이 그들의 가족으로부터 강제로 분리되었던 도둑맞은 세대와 관련된 부분이다(HREOC 1997). (역주: Australian Human Rights and Equal Opportunity Commission) 이러한 역사에 대한 페미니스트의 반응은 무엇인가? 그러한 가부장제와 인종주의가 더 이상 사회복지실천에 영향을 미치지 않도록 어떻게 보장할 수 있을까?

여성의 폭력에 대응하기

페미니스트 운동은 남성들의 폭력을 드러내고 대응하는 데 있어 많은 성과를 거두었다. 여기에 지속적으로 나는 여성이 가하는 폭력, 주로 어린이뿐만 아니라 다른 여성과 간혹 남성에게 가해지는 폭력에 대응하는 방법을 찾는 것과 관련하여 우리가 해야 할 일이 있다고 생각한다. 나는 우리가 이 폭력에 대해 페미니스트적 분석을 가져와서 이 문제에 참여할 준비가 되어 있고, 그런 의지가 있는지를 확인해야 한다고 생각한다.

여성을 침묵시키지 않는다고 확신하기

내가 치료자로 일하면서 여성을 침묵시키지 않으려면 어떻게 해야 할까? 여성의 분노는 더 넓은 사회 변화를 위한 활력 있는 힘이 될 수 있다. 어떻게 내가 개인적인 해결책을 주지 않고도, 내가 상담하는 여성의 분노와 에너지를 집단적 참여를 통해 더 광범위한 사회 변화를 만드는 데 활용할 수 있다고 확신할 수 있을까? 개인의 안락함만을 제공하는 것이 아니라, 공동의 목적과 공동의 행동을 중심으로 여성의 삶을 다른 여성들의 삶과 연결하고 있음을 내 작업에서 어떻게 확신할 수 있나?

동시에, 여성과의 대화에서 그들이 삶의 특정 경험에 대해 분노, 저항 또는 울분을 표현하는 경우, 관련 그 여성이 선호하는 결과로 이어지는 방식으로 이 분노에 어떻게 대응할 수 있을까? 나와 상담한 사람들에게 우리가 나눈 대화를 평가와 관련하여 어떻게 계속 점검해 나갈 수 있을까?

특정 지역사회 내 폭력에 대응하기

최근 몇 년 동안 호주 원주민 여성들은 원주민 공동체에서 여성과 아동에 대한 폭력 문제를 해결하기 위한 캠페인을 벌였다. 이 분야에서 원주민이 아닌 여성으로서 우리의 역할은 무엇일까? 호주 원주민 여성의 활동을 어떻게 지원할 수 있을까? 적절한 서비스를 확립하고 원주민이 이러한 문제에 대해 자신의 지역사회와 협력할 수 있도록 교육하는 데 우리는 어떤 책임이 있나? 또한 광범위한 다양한 문화권의 사람들이 우리의 서비스에 접근할 수 있도록 다해야 할 책임은 무엇일까?

문제에 대해 젠더화된 의인화

문제를 의인화하는 이야기치료의 실천에서, Mr. Mischief(역주: 말썽씨)로부터 Tommy Trouble(문제 타미_역주: Tommy는 남자 이름의 애칭)에 이르기까지 얼마나 자주 문제가 남성으로 젠더화되는지 흥미롭다. 나는 문제의 본질과 이것이 문제와 사람들의 관계에 미칠 수 있는 영향과 관련하여 젠더화된 가정들이 궁금하다. 나는 젠더 고정관념을 영속화하지 않는 방식으로 문제를 의인화하는 방법을 찾는 데 관심이 있다. 하지만 쉽지 않다!

이성애 지배

나는 젊은 사람들과 일을 할 때, 여전히 강력한 이성애의 지배와 더불어 젠더를 규정하는 영향력으로 인해 젊은 여성이나 젊은 남성이 무엇을 입어야 하는지, 스스로 어떻게 처신하도록 기대되는지, 어떻게 보여야 하는지에 대한 믿음이 엄격해서 때때로 압도당하기도 한다. 내게는 젊은 사람들이 자신의 삶을 어떻게 살고 싶은지에 대해, 자신의 생각을 개척할 수 있도록 찾아가는 과정은 독특한 결과를 찾아가는 끊임없는 도전과도 같다.

젊은 여성들의 분노를 병리화하기

현재 이 분야에서 핵심적인 페미니스트/젠더 문제로 나를 놀라게 하는 것은 젊은 여성들과 소녀들의 분노가 종종 병리화되는 방식이다. 이것은 매우 오래되고 끊임없는 투쟁처럼 느껴진다. 새로운 점이라면 강력한 항정신성 약물로 이 '문제'를 치료하려는 정신 건강 분야 내에서의 의지 정도이다. 물론, 사춘기 남성(특히 모든 유색 인종 아동)도 이러한 정신의 학 학대에 취약하다 하지만 여성의 분노에 대해 일탈이라고 보는 시각은 사춘기 소녀들을 특히 취약한 표적으로 만든다. 충격적인 것은 이런 치료에 대한 항의의 외침이 거의 없었다는 것이다. 삶의 분노에 대해 젊은 여성들과 관계를 맺고, 어떻게 분노가 그들의 삶에 들어왔는지, 그것이 그들의 관계와 정체성에 어떤 영향을 미치는지 물어본다고 상상해 보자. 이 분노가 의미하는 바를 건설적인 행동으로 드러나게 할 수 있도록 대화하는 것을 상상해 보자. 이것은 나에게도, 페미니스트적 실천이 될 것이다.

게이, 레즈비언, 퀴어 경험

나는 관계중심 상담 서비스에서 일하는데, 최근에 그곳이 압도적으로 이성애적인 장소라는 것을 깨달았다. 모든 치료자는 이성애자이며, 우리에게 상담하러 오는 거의 모든 사람들도 그렇다. 우리는 이제 게이, 레즈비언, 퀴어에 대한 우리의 책임이 무엇인지 생각하기 시작했다. 이성애보다 더 넓은 범위의 관계에서 살고 있는 사람들이 우리의 서비스에 접근할 수 있도록 하려면 우리는 어떻게 노력해야 할까?(Hewson, 1993; Comment, 1995; Eliason, 1996; Laird, 1999; Laird & Green, 1996)

정상이란 것에 의문을 제기하기

무엇이 '정상적인' 관계를 구성하는지, 무엇이 '성(sex)'인지, 무엇이 '성정체성'을 구성하는지에 대한 강력한 규범들이 계속 존재해 왔다. 그럼에도 불구하고 내 내담자의 압도적 다수는 이 강력한 규범이 자신을 만족시키지 못하거나 자신의 삶의 경험에 맞지 않는다는 증거를 제시한다. 자신의 삶에서 나만의 방식을 위한 더 많은 여지를 만들기 위해 사람들과 함께 작업할 수 있는 몇 가지 방법을 찾았지만, 보다 넓은 문화 안에서 이러한 규범에 의문을 제기할 수 있는 방법에 대해 이야기할 수 있는 포럼을 많이 찾지는 못했다.

여성의 섹슈얼리티를 드러내고 존중하기

나는 섹슈얼리티와 관련하여 여성들과 함께 일하며 자위하는 것이 더럽고 역겨운 일이라는 말을 듣거나, 상당한 고통에도 불구하고 남성 파트너와 성관계를 계속하는 여성들의 이야기를 일상적으로 듣는다(파트너가 그들을 떠나지 않을까 하는 두려움 때문에), 또는 성폭행뿐만 아니라 폭행에 대한 이야기가 다른 사람들에게 전달되는 방식 때문에 학교에서 계속되는 괴롭힘(역주: 2차 피해)을 경험한 젊은 여성들에 대한 이야기를 듣는다. 이러한 모든 상황에서 내 작업의 핵심적 측면은 여성이 성과 섹슈얼리티에 대한 긍정적이고 권한을 가진 감각을 되찾을 수 있는 기회를 만드는 것이다. 나는 성에 대해 긍정적인 교육, 책, 영화의 세계, 그리고 치료의 세계 이 두 세계가 보다 통합될 수 있는 방법을 찾고 싶다. 왜냐하면 이 두 세계가 상호적으로 많은 것을 제공할 수 있는데, 서로 대화가 거의 없다고 생각하기 때문이다(Nestle, 2002).

궤도에서 벗어나지 않기

나는 페미니스트 원칙을 지향하는 내 상담을 어떻게 유지할 수 있을까? 나는 페미니스트적이지 않은 환경에서 일하고 있고, 비판적 입장을 잃어가고 있는 것이 우려된다. 이것은 나에게 끊임없는 딜레마이다. 그렇기 때문에 나는 이러한 질문과 답변에 특히 고무된다. 나는 이것을 직장에서 대화의 출발점으로 사용하기를 희망한다. 모든 사람이 이 글을 읽게 한 다음 회의를 통해 논의하겠다. 이것이 어떻게 진행되는지 당신에게 알려드리죠!

이 글을 작성하는 것은 많은 대화, 많은 이메일 답장으로 구성되었으며, 상당한 관심을 불러일으켰다. 많은 사람들이 지금 페미니즘이 무엇을 의미하는지에 관심을 갖고, 이에 대해 성찰하고 글을 쓸 수 있는 기회를 감사하게 여겼던 것 같다. 우리가 이야기를 나눈 여성들은 모두 페미니즘이 그들의 현재 일과 삶에 매우 관련이 있다고 선언했으며, 이에 대해 우리는 더 듣고 싶다. 이 글의 시작 부분에서 언급했듯이 이제 우리는 '페미니즘, 치료 그리고 이야기에 관한 생각들'을 논의하기 위해 *International Journal of Narrative Therapy and Community Work*에 정기 칼럼을 시작하고 있다. 이 칼럼은 우리가 가지고 있는 다음의 네 가지 질문을 던질 것이다. 에스텔 B. 프리드먼의 저서 《돌아갈 수 없다: 페미니즘의 역사와 여성의 미래》*(No Turning Back: The history of feminism and the future of women)* (2002, p. 12):

· 젠더는 우리의 업무에 어떤 차이를 가져오나? 즉, 여성의 경험은 가족과 관계에 대한 우리의 이해를 어떻게 변화시키고, 여성들은 젠더를 서로 어떻게 다르게 경험하나?

· 치료에서 페미니스트의 도전이 역사적으로 등장하게 된 이유는 무엇이며, 이러한 도전은 시간과 장소에 따라 어떻게 변했나?

· 페미니스트 치료자와 지역사회 활동가가 원하는 것은 무엇인가? 즉, 가족과 관계의 불평등에 대한 페미니스트 해석이 어떻게 치료와 지역사회 활동에 있어 새로운 생각과 실천 방식으로 이어지나?

· 페미니스트 정보를 제공하는 치료는 어디로 가고 있으며 개인, 가족, 집단 및 지역사회와 함께 페미니스트 실천과 관련한 사고를 가장 잘 발전시킬 전략은 무엇인가?

이러한 주제에 대한 귀하의 반영을 편지로 보내 주시면 기쁘겠다.

여기 덜리치센터 출판사로 써서 보내 주시면 당신의 아이디어가 지속적인 토론과 출판물에 도움이 될 것이다. 감사합니다!

다양한 페미니즘 인정하기

페미니즘이란 무엇인가?

모든 사람은 페미니즘이 무엇인지에 대해 확실히 다른 자신만의 이해 또는 '정의'를 가지고 있는 것 같다. 이 글을 작성하면서, 우리는 이 질문에 대해 매우 다양한 답변이 가능하다는 것을 알게 되었고 이러한 '이해의 혼란'이 교차하는 서로 다른 경험이, 공유하는 대화를 나누는 것을 어렵게 만드는 건 아닌지 궁금했다. 여기서 우리는 페미니즘이 무엇인지에 대해 존재하는 많고도 때로는 모순되는 이해와 신념 중 일부를 설명하고자 한다. 우리는 페미니즘이 자신을 어떻게 정의하고 재정의했는지 따라가 볼 것이며, 특히 다른 이해가 치료자로서 우리의 업무에 어떤 영향을 미칠 수 있는지 살펴볼 것이다.

여기서는 몇 가지 광범위한 주제와 주요 문제만 살펴보고, 제공된 참고 자료가 더 많은 것을 탐구하려는 분들의 욕구를 충족시키기를 바란다. 여기서 탐구하는 페미니즘은 1960년대 이후(소위 페미니스트 행동의 두 번째 물결)와 관련이 있다. 우리는 여성들의 행동에 대한 더 넓은 역사에 초점을 맞추지는 않았지만, 분명히 페미니즘의 두 번째 물결은 이전 여성들의 작업과 공헌 위에 세워졌다.

우리가 탐구하는 페미니즘의 처음 세 가지 '유형'은 1960년대와 1970년대에 생겨났다. 우리에게 누군가 '페미니즘이란 무엇인가?'라는 질문을 한다면 '자유주의 페미니스트', '사회주의 페미니스트', '급진적 페미니스트' 사고가 섞여 있는 대답이 나올 가능성이 가장 높아 보인다.

• 자유주의 페미니즘

자유주의 페미니즘은 특히 삶의 공적 영역에서 남성과 동등한 권리를 갖고자 하는 열망에 기반을 두고 있다. 많은 사람들에게 '페미니즘이 무엇입니까?'라고 물으면, 여성의 평등을 보장하기 위한 정치적 이데올로기라고 대답한다. 이 페미니즘은 여성을 체계적으로 불리하게 만드는 남녀 간의 권력 관계에 도전하는 것이다. 자유주의적 페미니스트 사고는 개인의 권리, 자유, 자율성에 대한 개념과 남성, 여성의 기본적 동일성에 대한 가정에 기반을 두고 있다. 공적 영역에서 여성을 위한 정당한 자리를 차지하려는 열망에서 자유주의적 페미니즘은 남성과 여성이 동등한 인간이라면 여성들도 남성들과 마찬가지로 남성이 하는 일을 할 권리가 있다고 주장한다. 그렇다면 평등은 접근의 문제가 되고('유리천장'을 해결하는 것과 같이) 이러한 변화를 이루기 위한 과정은 보편적인 개혁의 과정이다.

• 급진적 페미니즘

반면에 급진적 페미니즘은 여성과 남성이 기본적으로 동일하다는 생각을 거부하고 남성의 세계에 동화된다는 생각을 거부하며, 대신 여성의 차이를 축하하며 알리려 한다. 급진적 페미니즘은 사회에서 여성을 위한 새로운 가능성과 장소를 만들고, 여성의 존재 방식과 여성이 기여해야 하는 것을 찬양하는 여성 운동으로 간주된다. 특히 급진적 페미니즘은 자유주의적 페미니즘 내에서는 불가능한 여성의 차이에 대해 가치를 부여하고, 공유된 '자매애'에 대한 감각에 집중한다. 강조점은 여성이 여성이라서 억압받는 방식에 있으며, 이는 다른 어떤 집단의 구성원으로서 억압을 받는 것보다 우선한다. 최근 급진적 페미니스트와 유색인종 페미니스트들이 이 문제에 확실히 도전했지만, 1960년대와 1970년대 급진적 백인 페미니스트들 사이에서도 모든 여성은 인종, 문화, 민족, 연령 또는 계층에 관계없이 억압을 받은 공통점이 있었다는 것, 이런 공통점은 어떤 남성들과의 공통점보다 크다는 믿음이 있었다. 모든 남성들은 어떤 여성보다 더 많은 힘을 가진 것으로 여겨졌다. 이를 기본 신조로 삼아 남성으로부터의 분리주의와 레즈비언 관계를 존중하는 쪽으로 나아갔다. 여성의 경험을 중요시하고 남성들을 위한, 남성들에 의해 만들어진 공적 영역에 대한 거부는, 특히 출산, 섹슈얼리티, 여성의 몸 그리고 여성이 자신의 몸에 대한 통제권을 되찾겠다는 결의와 같은 사적 영역에 초점을 두게 되었다.

- **사회주의 페미니즘/마르크스주의 페미니즘**

이 페미니즘은 1960년대와 1970년대에 확인될 수 있는 페미니즘의 세 번째 주요 그룹이었다(자유주의 페미니즘과 마찬가지로 긴 역사를 가지고 있지만). 사회주의와 마르크스주의 페미니즘 내에서 성 억압에 대한 투쟁은 사회와 공동체를 변혁하기 위한 더 광범위한 투쟁의 일부로 여겨졌다. 계급에 관한 이슈와 노동자 권리의 문제, 그리고 서구 사회에서 생활 방식을 극적으로 변화시켜야 할 필요성이 젠더에 기반한 억압을 다룰 필요성과 함께 의제에 올랐다.

• 블랙/토착 주민/유색인 여성의 페미니즘

자유주의와 급진 페미니즘 내에서 여성의 경험을 보편화시키는 가장 초기의 도전은 북미 대륙의 유색인종 여성들로부터 나왔다. 대표적으로 벨 훅스는 여성의 보편적인 범주에 관해 화이트 페미니스트들이 만들어 버린 가정(假定)들을 직접적으로 지적했다. 돌이켜보면 1960년대와 1970년대의 자유주의 페미니즘과 급진주의 페미니즘이 모두 백인 중산층의 관점에 얼마나 깊이 젖어 있었는지 이제 어렵지 않게 알 수 있다. 다른 범주의 억압에 있어서 우위에 있는 여성들이 공통 경험의 유대를 가리키는 '자매애'라는 개념은 인종과 계급관계에 의해 소외된 여성들에 의해 강력하게 도전을 받았다. 동시에, 일부 자유주의 백인 페미니스트들이 열망했던 '모든 것을 가졌다'는 개별화된 개념은 중산층 생활 방식에 결코 접근할 수 없거나 그러한 생활 방식을 따르는 데 관심이 없는 여성들에 대한 모욕이었다. 흑인 및 토착 페미니스트와 유색인 여성들은 서구 페미니즘의 많은 가정에 의문을 제기했고, 특정 문화 내에서 여성의 경험을 이해하고 변화시키는 새로운 방법을 만들었으며, 여러 문화 간 파트너십 형성에 관련된 새로운 아이디어를 제시했다(Moraga & Anzaldua, 1983; Roth, 1984; hooks, 1989; Huggins, 1998; Tamasese, 2001).

• 후기구조주의/포스트모더니스트 페미니즘

1980년대와 1990년대에 이르러 페미니즘 담론에 참여하는 새로운 방식이 가능해졌다. 후기구조주의 페미니즘은 집단으로서의 여성이 '본질적 동일성'으로 '통일'된다는 생각에 반대하며 여성 경험의 *다양성(역주:* *저자 강조)*을 새롭게 강조했다. 보다 넓은 후기구조주의의 입장을 반영하여, 후기구조주의 페미니즘 안에서는 '여성'을 단일 집단으로 보는 것의 유용성에 대해 회의적인 시각이 있다. 이 페미니스트들은 성별, 계급, 인종, 민족이라는 기존의 범주에 도전하고 정체성과 관련된 의미의 다양성을 강조한다. 후기구조주의 페미니스트들은 각자 여성의 삶에서 권력의 모든 작동이 흔들리도록 할 필요가 있는 다충적이고 특별한 방법이 있다고 말한다. 포스트모던 페미니즘은 또한 페미니즘을 구성하는 데 사용된 아이디어의 묶음들을 풀어 헤쳐서 면밀히 조사하였다. 여성의 보편적 규범이 확립된 당연시되는 개념, 특히 차이를 주변화하고 한정하는 영향이 있는 모든 방식을 드러내고 주의를 기울이는 데 관심이 있다(Hekman, 1996; Weedon, 1987; Hare-Mustin & Marececk, 1990).

• **프랑스 페미니즘**

다수의 프랑스 페미니스트 작가(Irigary 1985; Kristeva 1984; Cixous 1994)는 1960년대와 1970년대의 자유주의적, 사회주의적, 급진적 페미니즘과 1980년대와 1990년대를 통해 발전한 포스트모더니스트/후기구조주의 페미니즘 사이의 교차점에 위치하고 있다. 이 작가들은 '남성의 경험'이 정신 분석 학파 내에서 기본으로 위치하는 방식에 대한 도전을 제시한다. 그들은 정해놓은 규범에 맞지 않는 여성 경험을 열등한 것으로 간주하는 방식을 설명한다. 그다음 해체는 이 평가절하 과정이 어떻게 작동하는지, 그리고 '정상성'이라는 암묵적인 가정이 어떻게 특별한 힘을 갖는지 확인한다. 프랑스 페미니스트들은 후기구조주의의 많은 도구를

사용했지만, 여전히 무의식이 근본적인 보편적 구조에 의해 생성된다는
신념을 정신 분석에 남겨 두었다.

• 퀴어 페미니즘

쥬디스 버틀러(1989)와 같은 후기구조주의 페미니스트들의 생각은 퀴
어 이론 및 관련 퀴어 페미니즘의 발전에 영향을 미쳤다. 퀴어 이론은 여
성/남성 또는 동성애/이성애의 개념을 포함하여 모든 고정된 정체성 범
주를 불안정하게 만드는 데 관심이 있다. 자아들(정체성)은 권력의 긴밀
함을 통해 사회적으로 구성된다고 보며, 권력의 작동이 다중적이기 때문
에 자아의 구성은 유동적인 것으로 간주 된다. 아마도 가장 눈에 띄는 퀴
어 활동가는 남성과 여성의 선입견에 도전하는 트랜스젠더와 인터섹스,
이성애/동성애 정체성의 이분법에 의문을 제기하는 양성애 작가일 것이
다(Nestle, Howell & Wilchins, 2002; Gibian, 1999).

여기에 우리는 페미니즘의 다양한 유형이나 주제에 대한 매우 간단하
고 얕은 설명을 포함했다. 1960년대와 1970년대에 두 번째 행동의 물결
이 일어나기 오래전부터 역사를 가진 페미니즘을 포함하여 여기서 언급
하지 않은 다른 많은 것들이 있다. 우리는 독자들이 '페미니즘이란 무엇
인가?'라는 질문에 대한 보다 자세한 답변을 위해 아래의 책과 참고 문헌
을 참조할 것을 강력히 권한다.

• 추천하는 책 2권
· Chris Beasley's(1999) pocket-book guide to feminism: *What is*

Feminism Anyway? Understanding contemporary feminism.
Sydney: Allen & Unwin.

· 크리스 비즐리, 페미니즘에 대한 수첩 가이드: *어쨌든 페미니즘이란 무엇인가? 현대 페미니즘의 이해.* 시드니: 알렌과 언윈.

Chris는 지난 10년 동안 이곳 애들레이드에서 여성학 강사로 일했으며, 우리가 전폭적으로 추천하는 놀랍도록 접근하기 쉽고, 명확하고 간결한 페미니즘 '가이드' 작성에 공헌하였다.

· Estelle Freedman's (2002): *No Turning Back: The history of off feminism and the future of women.* London: Profile Books.
· See website: www.notumingback.stanfdrd.edu
· 에스텔 프리드먼, *되돌아갈 수 없다: 페미니즘의 역사와 여성의 미래.* 런던: 프로필 책.

역사가이자 스탠포드 대학의 여성학 교수가 쓴 이 꼼꼼하고 고무적인 책은 세계 여러 지역의 다양한 페미니즘에 대한 풍부한 역사를 설명하고 있다.

이 글에 관하여

이 글은 협업의 과정을 통해 작성되었다. 우리는 호주, 미국, 멕시코, 영국의 다양한 이야기치료 실천가에게 질문 목록을 보냈다. 사람들의 응답이 들어오면 우리는 이를 취합하고 편집한 다음 모두가 최종 결과에 만족할 수 있도록 다시 보냈다. 이 과정에서 이 문서에서 사용된 사례들은 재구성된 것이며, 일부는 누구인지 드러나지 않도록 일부 세부 사항이 변경되었고, 출판물 강령이 적용되었다. 그러나 모두 실제 생활을 기반으로 한 실제적인 예이다.

우리는 이 논문이 만들어지도록 답장을 보내 주신 모든 분들께 감사를 드린다: 캐서린 버틀러, 셔릴 화이트, 케테 바인가르텐, 제인 스피디, 메세데스 마티네즈, 바네사 잭슨, 캐롤 할리웰, 조이 카잔, 레오니 시몬스, 리사 베른트, 조앤 맥나마라, 클레어 랄프스, 탐신 베이커, 저시 베르코 및 마야 비쉐디크. 우리는 또한 덜리치센터 출판사의 출판팀, 처음 이 주제를 제안하고 작성 과정에 참여한 셰릴 화이트, 편집 및 작문 기술의 데이빗 덴버로, 작문 및 연락 담당인 제인 헤일즈에게도 감사드린다.

우리는 또한 이 글에 드러나 있는 아이디어와 관점 및 도전으로 치료 분야에서 함께 일한 여성들에게 감사를 표하고 싶다.

주

1) 이 글에서 이야기치료의 발전을 언급할 때, 그것은 1980년대 중반 호주와 뉴질랜드에서 개발된 이야기실천의 형태를 언급하고 있음을 유의할 것. 미국이나 스칸디나비아에서 이야기적인 은유와 관련된 다른 치료법을 말하는 것은 아님.

참고문헌

Anderson, L. (ed) 1995: *Bedtime Stories for Tired Therapists*. Adelaide: Dulwich Centre Publications.

Beasley, C. 1999: *What is Feminism Anyway? Understanding contemporary feminism*. Sydney: Allen & Unwin,

Bird, J. 2000: *The Heart's Narrative*. Auckland: Edge Press.

Boston Women's Health Book Collective, 1998: *Our Bodies, Ourselves: For the new century*. New York: Touchstone.

Bracho, A. 2000: 'Toward a healthy community: The work of the Latino Health Access.' *Dulwich Centre Journal*, No. 3.

Butler, J. 1989: *Gender Trouble: Feminism and the subversion of identity*. London: Routledge.

Carey, M. 1998: 'Communities of shared experience.' In *Gecko: a journal of deconstruction and narrative ideas in therapeutic practice*, Vol. 1.

Carey, M. & Russell, R. 2003: 'Outsider-witness practices - Some answers to commonly asked questions.' *International Journal of Narrative Therapy and Community Work*, No. 1.

Carey, M. & Russell, R. 2002: 'Externalising - commonly asked questions.' *International Journal of Narrative Therapy and Community Work*, No. 2.

Chesler, P. 1997: *Women and Madness*. New York: Four Walls Eight Windows.

Cixous, H. 1994: *The Helene Cixous Reader*. Edited by Susan Sellers. London: Routledge.

Comment, 1995: *Discussions, dialogues and interviews about homophobia and heterosexual dominance*. Adelaide: Dulwich Centre Publications.

Eliason, M. 1996: *Who Cares? Institutional barriers to health care or lesbian, gay and bisexual persons*. New York: National League of Nursing.

Epston, A. (ed) 1993: 'Professional sexual abuse.' Special issue of *Dulwich*

Centre Newsletter, Nos. 3&4.

Epston, D. & White, D. 1990: *Narrative Means to Therapeutic Ends*. New York: W. W. Norton.

Feinberg, L. 1998: *Trans Liberation: Beyond pink or blue*. Boston: Beacon Press.

Freedman, E. B. 2002: *No Turning Back: The history of feminism and the future of women*. London: Profile Books.

Freedman, J. & Combs, G. 2002: 'Gender stories.' In *Narrative Therapy With Couples··· and a whole lot more*. Adelaide: Dulwich Centre Publications.

Freer, M. 1997: 'Taking a defiant stand against sexual abuse and the mother-blaming discourse.' *Gecko: a journal of deconstruction and narrative ideas in therapeutic practice*, No. 1.

Gibian, R. (ed) 1999: 'Bisexuality: identity, politics and partnerships.' Special issue of *Dulwich Centre Journal*, No. 1.

Grieves, L. 1997: 'From beginning to start: The Vancouver Anti-Anorexia Anti-Bulimia League.' *Gecko: a journal of deconstruction and narrative ideas in therapeutic practice*, No. 2.

Hall, R. 1996: 'Partnership accountability.' In McLean, C., Carey, M. & White, C. (eds): *Men's Ways of Being*. Boulder, Colorado: Westview Press.

Hare-Mustin, R. T. 1978: 'A feminist approach to family therapy.' *Family Process*, 17:181-194.

Hare-Mustin, R. T. 1987: 'The problem of gender in family therapy theory.' *Family Process*, 26:15-27.

Hare-Mustin, R. T. & Marecek, J. 1990: *Making a Difference: Psychology and the construct of gender*. New Haven: Yale University Press.

Hare-Mustin, R. 2001: 'Thinking differently about gender.' In *Working with the Stories of Women's Lives*. Adelaide: Dulwich Centre Publications.

Hartman, A. 1994: *Reflection and Controversy: Essays on social work*. Washington: NASW Press.

Hartman, A. & Laird, J. 1983: *Family Centred Social Work Practice*. New York: Free Press.

Hekman, S. (ed) 1996: *Feminist Interpretations of Michel Foucault*. Pennsylvania: Pennsylvania State University Press.

hooks, b. 1989: *Talking Back: Thinking feminist, thinking black*. Boston: South End Press.

Hewson, D. 1993: 'Heterosexual dominance in the world of therapy.' *Dulwich Centre Journal*, No. 2. Reprinted in Denborough, D. (ed) 2002: *Queer Counselling and Narrative Practice*. Adelaide: Dulwich Centre Publications.

Howard, J. 2001: *Mothers and Sons: Bringing up boys as a sole parent*. Melbourne: Thomas C. Lothian Pty Ltd.

HREOC (Human Rights and Equal Opportunity Commission) 1997: 'Bringing Them Home: National Inquiry into the Separation of Aboriginal and Torres Strait Islander Children from Their Families.'

Huggins, J. 1998: *Sister Girl*. Brisbane: University of Queensland Press.

Irigary, I. 1985: *This Sex Which Is Not One*. New York: Cornell University Press.

Jackson, V. 2002: 'In our own voice: African-American stories of oppression, survival and recovery in mental health systems.' *International Journal of Narrative Therapy and Community Work*, No. 2.

James, K. 2001: 'Feminist reflections on family therapy and working on the issue of men's violence.' An interview in Denborough, D. (ed): *Family Therapy: Exploring the field's past, present & possible futures*. Adelaide: Dulwich Centre Publications.

James, K. & McIntyre, D. 1983: 'The reproduction of families: The social role of family therapy?' *Journal of Marital Family Therapy*, 9:119-129.

James, K. & Mcintyre, D. 1989: 'A momentary gleam of enlightenment: towards a model of feminist family therapy.' *Journal of Feminist Family Therapy*, 3:3-24.

Jenkins, A. 1990: *Invitations to Responsibility: The therapeutic engagement of men who are violent and abusive*. Adelaide: Dulwich Centre Publications.

Kathy, 1999: 'Experiences of homelessness.' *Dulwich Centre Journal*, No. 3.

Kamsler, A. 1990: 'Her-story in the making: Therapy with women who were sexually abused in childhood.' In Durrant, M. & White, C (eds): *Ideas for Therapy with Sexual Abuse*. Adelaide: Dulwich Centre Publications. Reprinted in White. C. & Denborough, D. (eds) 1998: *Introducing Narrative Therapy: A collection of practice-based papers*. Adelaide: Dulwich Centre Publications.

Kitzinger, C. & Perkins, R. 1993: *Changing Our Minds: Lesbian feminism and psychology*. New York: New York University Press.

Koedt, A. 1970: 'The myth of the vaginal orgasm.' In Gunew, S. (ed) 1991: A Reader in *Feminist Knowledge*. London & New York: Routledge.

Kramer, M. & Ingram, K. 1998: 'Busting out - breaking free: A group program for young women wanting to reclaim their lives from anorexia nervosa.' In White, C. & Denborough, D. (eds) *Introducing Narrative Therapy: A collection of practice-based writings*. Adelaide: Dulwich Centre Publications.

Kristeva, J. 1984: *Revolution in Poetic Language*. New York: Columbia University Press.

Laird, J. 1989: 'Women and stories: Restorying woman's self-constructions.' In McGoldrick, M., Anderson, C. & Walsh, F. (eds): *Women in Families*. New York: W. W. Norton.

Laird, J. (ed) 1999: *Lesbians & Lesbian Families: Reflections on theory & practice*. New York: Columbia University Press.

Laird, J. 2001: 'Women's stories.' An interview in Denborough, D. (ed): *Family Therapy: Exploring the field's past, present & possible futures*. Adelaide:

Dulwich Centre Publications.

Laird, J. & Green, R-J. (eds) 1996: *Lesbians and Gays in Couples and Families: A handbook for therapists*. San Francisco: Jossey-Bass.

Law, I. 1994: 'Adopting the principle of pro-feminism.' *Dulwich Centre News-letter*, Nos. 2&3.

Lester, J. 2001: 'Rekindling family: Responding to violence in Aboriginal families.' In Wingard, B. & Lester, J. *Telling Our Stories in Ways That Make us Stronger*. Adelaide: Dulwich Centre Publications.

Linnell, S. & Cora, D. 1993: *Discoveries: A group resource guide for women who have been sexually abused in childhood*. Sydney: Dympna House.

Lorde, A. 1984: *Sister Outsider*. New York: Crossing Press.

Mann, S. 2000: 'Collaborative representation.' *Gecko: a journal of deconstruction and narrative ideas in therapeutic practice*, No. 2.

Mann, S. & Russell, S. 2002: 'Narrative ways of working with women survivors of childhood sexual abuse.' *International Journal of Narrative Therapy and Community Work*, No. 3.

McAdams-Mahmoud, V. 2002: 'We are making history now.' *International Journal of Narrative Therapy and Community Work*, No. 2.

McGoldrick, M. (ed) 1998: *Revisioning Family Therapy: Race, class and gender in clinical practice*. New York: Guilford.

McGoldrick, M. 2001: 'Creating home.' An interview in Denborough, D (ed): *Family Therapy: Exploring the field's past, present & possible futures*. Adelaide: Dulwich Centre Publications.

McGoldrick, M., Anderson, C.M. & Walsh, F. (eds) 1989: *Women in Families: A framework for family therapy*. New York: W.W. Norton.

McGrath, B. 1999: 'From little things···' *Dulwich Centre Journal*, No. 3.

McPhie, L. & Chaffey, C. 1998: 'Group work with young women who have experienced sexual assault.' *Gecko: a journal of deconstruction and narrative ideas in therapeutic practice*. Vol. 1. Reprinted 1999 in *Extending Narrative Therapy*. Adelaide: Dulwich Centre Publications.

Moraga, C. & Anzaldúa, G. (eds) 1983: *This Bridge Called My Back: Writings by radical women of colour*. New York: Kitchen Table: Women of Color Press (second edition).

Morgan, A. 2002: 'Beginning to use a narrative approach in therapy.' *International Journal of Narrative Therapy and Community Work*, No:1.

Nataf, Z. I. 1996: *Lesbians Talk Transgender*. London: Scarlet Press.

Nestle, J. 2003: 'Responding with history and story.' *International Journal of Narrative Therapy and Community Work*, No. 1.

Nestle, J., Howell, C. & Wilchins, R. (eds) 2002: *GENDERqUEER: Voices from beyond the sexual binary*. Los Angeles: Alyson Publications.

Nichols, C. 1999: 'A story of survival.' In *Extending Narrative Therapy: A collection of practice-based papers.*. Adelaide: Dulwich Centre Publications.

Nosworthy, S. & Lane, K. 1998: 'How we learnt that scratching can really be self-abuse: Co-research with young people.' In White, C. & Denborough, D. (eds): *Introducing Narrative Therapy: A collection of practice-based writings*. Adelaide: Dulwich Centre Publications.

O'Leary, P. 1999: 'Liberation from self-blame: Working with men who have experienced childhood sexual abuse.' In *Extending Narrative Therapy: A collection of practice-based papers*. Adelaide: Dulwich Centre Publications.

Pirelli Benestad, E. 2002: 'Gender belonging: children, adolescents, adults and the role of the therapist.' In Denborough, D. (ed): *Queer Counselling and Narrative Practice*. Adelaide: Dulwich Centre Publications.

Power to Our Journeys Group (Sue, Mem and Veronica) 1999: 'Documents and treasures.' In *Narrative Therapy and Community Work: A conference collection*. Adelaide: Dulwich Centre Publications.

Roth, S. 1985: 'Psychotherapy with lesbian couples: Individual issues, female socialization, and the social context.' *Journal of Marital and Family Therapy*, 11:273-286.

Russell, S. & Carey, M. 2002: 'Re-membering: responding to commonly asked questions.' *International Journal of Narrative Therapy and Community Work*, No. 3.

Silent Too Long, 2000: 'Embracing the old, nurturing the new.' *Dulwich Centre Journal*, Nos. 1&2.

Silverstein, O. & Rashbaum, B. 1994: The Courage to Raise *Good Men*. New York: Viking.

Slattery, G. 2000: 'Working with young men: Taking a stand against sexual abuse and sexual harassment.' *Dulwich Centre Journal*, Nos. 182.

Sliep, Y. 1996: 'Pang'ono pang'ono ndi mtolo - little by little we make a bundle.' *Dulwich Centre Newsletter*, No. 3.

Speedy, J. 2001: 'Feminism, therapy and politics.' In *Working with the Stories of Women's Lives*. Adelaide: Dulwich Centre Publications.

Tamasese, K. 2001: 'Talking about gender and culture.' In *Working with the Stories of Women's Lives*. Adelaide: Dulwich Centre Publications.

Tamasese, K. & Waldegrave, C. 1996: 'Cultural and gender accountability in the 'Just Therapy' approach.' In McLean, C., Carey, M. & White, C.: *Men's Ways of Being*. Boulder, Colorado: Westview Press.

Thomas, L. 2002 'Poststructuralism and therapy - what's it all about?' *International Journal of Narrative Therapy and Community Work*, No. 2.

Verco, J. 2002: 'Women's outrage and the pressure to forgive: working with survivors of childhood sexual abuse.' *International Journal of Narrative Therapy and Community Work*, No. 1.

Walters, M., Carter, B., Papp, P. & Silverstein, O. 1988: *The Invisible Web: Gender patterns in family relationships*. New York: Guilford Press.

Ward, B. 1984: *Father-Daughter Rape*. London: The Women's Press.

Weedon, C. 1987: *Feminist Practice & Poststructuralist Theory*. Oxford: Black-well.

Weingarten, K. 1997: *The Mother's Voice: Strengthening intimacy in families* (second edition). New York: Guildford Press.

Weingarten, K. 2001: 'Making sense of illness narratives: Braiding theory, practice and the embodied life.' In *Working with the Stories of Women's Lives*. Adelaide: Dulwich Centre Publications.

White, C. & Hales, J. (eds) 1997: *The Personal is the Professional: Therapists reflect on their families, lives and work*. Adelaide: Dulwich Centre Publications.

White, M. 1995: 'A conversation about accountability.' In White, M.: Re-Authoring *Lives: Interviews and essays*. Adelaide: Dulwich Centre Publications.

White, M. 1997: *Narratives of Therapist's Lives*. Adelaide: Dulwich Centre Publications.

White, M. 2000: 'Reflecting-team work as definitional ceremony revisited.' In White, M.: *Reflections on Narrative Practice: Essays and Interviews*. Adelaide: Dulwich Centre Publications.

White, M. 2001: 'The narrative metaphor in family therapy.' An interview in Denborough, D. (ed): *Family Therapy: Exploring the field's past, present & possible futures*. Adelaide: Dulwich Centre Publications.

Wingard, B. & Lester, J. 2001: *Telling Our Stories in Ways that Make us Stronger*. Adelaide: Dulwich Centre Publications.

WOWSafe, 2002: 'Seeking safety and acknowledgement: Women who have experienced domestic violence.' *International Journal of Narrative Therapy and Community Work*, No.1.

페미니스트에 관한 추가 읽기 자료

Bulkin, E., Pratt, M.B. & Smith, B. 1984: Yours in Struggle: *Three feminist perspectives on anti-semitism and racism*. New York: Firebrand Books.

Crenshaw, K. 1997: 'Intersectionality and identity politics: learning from violence against women of color.' In Lyndon Shanley, M. & Narayan U. (eds): *Reconstructing Political Theory: Feminist perspectives*. University Park, PA: Pennsylvania State University Press.

Dé Ishtar, Z. 1994: *Daughters of the Pacific*. Melbourne: Spinifex.

Findlen, B. (ed) 1995: *Listen Up: Voices from the next feminist generation*. Seattle: Seal Press.

Hekman, S. 1996: *Feminist Interpretations of Michel Foucault*. University Park, PA: Pennsylvania State University Press.

Jackson, S. & Scott, S. 1996: *Feminism and Sexuality: A reader*. Edinburgh: Edinburgh University Press.

Sabbagh, S. (ed) 1996: *Arab Women: Between defiance and restraint*. New York: Olive Branch Press.

White, E. (ed) 1994: *The Black Women's Health Book: Speaking for ourselves*. Seattle: Seal Press.

Wilkinson, S. & Kitzinger, C. 1993: *Heterosexuality: A feminism and psychology reader*. London: Sage.

아랍 페미니즘에 관한 읽기 자료

After the publication of this paper it was drawn to our attention by Rose Nakad that we had not included any references to Arab feminist perspectives. This is an oversight which we regret and we are grateful to Rose for pointing it out to us and for introducing us to a range of Arab feminist literature. Two books which we recommend include:

Badran, M. & Cooke, M. (ed) 1990: *Opening the Gates: A century of Arab feminist writing*. Bloomington: Indiana University Press.

Sabbagh, S. 1996: *Arab Women: Between defiance and restraint*. New York: Olive Branch Press.

남성성에 관한 추가 읽기 자료

Denneny, M., Ortleb, C. Steele, T. 1984: *The View from Christopher Street: Journalism from America's leading gay magazine*. London: Chattoe & Windus.

McLean, C., Carey, M. & White, C. 1996: *Men's Ways of Being*. Boulder, Colorado: Westview Press.

Stoltenberg, J. 1989: *Refusing To Be a Man: Essays on sex and justice*. New York: Meridian.

웹사이트

Collections of classic feminist writings:
· http://www.cwluherstory.com/CWLUArchive/classic.html
· http://scriptorium.lib.duke.edu/wlm/

이야기치료

당신의 질문에 답하다

© Shona Russell · Maggie Carey, 2023

초판 1쇄 발행 2023년 8월 25일

엮은이	Shona Russell · Maggie Carey
옮긴이	이은주 · 강진아
펴낸이	이기봉
편집	좋은땅 편집팀
펴낸곳	도서출판 좋은땅
주소	서울특별시 마포구 양화로12길 26 지월드빌딩 (서교동 395-7)
전화	02)374-8616~7
팩스	02)374-8614
이메일	gworldbook@naver.com
홈페이지	www.g-world.co.kr

ISBN   979-11-388-2201-5 (03180)

- 가격은 뒤표지에 있습니다.
- 이 책은 저작권법에 의하여 보호를 받는 저작물이므로 무단 전재와 복제를 금합니다.
- 파본은 구입하신 서점에서 교환해 드립니다.